한 명이라도 제대로

친구·애인 사귀기

한 명이라도 제대로 친구·애인 사귀기

초판 발행
지은이 문은석
발행일 2026. 1. 2.
발행처 빅블레스
등록번호 제 2024-000001호
이메일 zeroad01@daum.net
ISBN 979-11-986355-4-9(13190)
Printed in Korea

진정한 사귐을 꿈꾸는

_____에게

좋아하는 사람과 사귀고 잘 지내는 법을
함께 배우면 좋겠습니다.

차 례

머리말

    인터넷 쇼핑몰에서는 클릭 한 번으로 원하는 걸 골라 살 수 있습니다. 그런데 진짜 친구나 애인은 손쉽게 장바구니에 담아 바로 내 것으로 만들 수 없습니다. 학교에서는 여러 과목을 통해 다양한 지식과 기술을 배울 수 있습니다. 하지만 평생 써먹어야 할 '사람을 사귀는 실력'은 제대로 배우고 기회가 거의 없습니다. 이렇다 보니 서먹한 사람과 어떻게 말을 꺼내야 할지, 친구와는 어떻게 더 가까워질지, 친구에서 애인으로 어떻게 넘어가야 할지 막막하고 헷갈릴 때가 많습니다.

    하지만 걱정하지 마세요. 이 책에 나오는 간단한

방법 한두 가지만 따라 해 보아도 사람을 사귀고 관계를 맺는 일이 생각보다 쉽다는 걸 알게 될 것입니다. 이 책은 복잡한 심리학이나 이론이 아니라, 일상에서 바로 써먹을 수 있는 가장 쉬운 방법들로만 채웠기 때문입니다. 외울 것도 딱히 없습니다. 읽으면서 마음에 콕 박히는 문장 한두 개만 기억해도 여러분의 관계는, 그리고 일상은 분명 크게 달라질 것입니다.

부담 갖지 말고 이 책의 주인공인 은우와 지수의 대화를 그저 술술 읽어 내려가 보세요. 그러다 보면 어느새 '고작 이 정도로 되겠어?'라는 의심이 '아, 이 정도면 충분했구나!'라는 확신과 자신감으로 바뀌어 있을 것입니다.

좋은 친구와 사랑하는 연인을 만나, 여러분의 내일이 지금보다 훨씬 더 행복해지기를 진심으로 바랍니다.

👥 1장
모르는 사람에서 아는 사람으로

    은우와 지수는 생활체육 동아리에서 새로 들어온 신입생들을 안내하는 일을 맡고 있습니다. 두 사람이 이 일을 한 지도 벌써 1년이 지났지만, 여전히 낯선 사람과 친해지는 건 쉽지 않은 숙제입니다.

지수야, 저기 새로 들어온 사람들 좀 봐. 다들 어색해서 우물쭈물하고 있어.

    이제 막 만나서 서로 잘 모르니까 그렇지. 은

우, 너랑 내가 동아리에서 처음 만났을 땐 저 사람들보다 훨씬 더 쑥스러워했어. 나도 여전히 낯선 사람들이랑 어울리는 게 쉽지 않고.

사실 나도 그래. 안내하는 일을 맡고 있지만, 여전히 처음 보는 사람은 부담스러워. 내가 신입생일 때만 해도 너한테 말 한마디 못 했잖아. 난 남자끼리여도 처음 보는 사람이면 무슨 말을 해야 할지 잘 모르겠어. 그런데 1년이 지나고 나니까 어느새 너랑 꽤 친해져 있더라고. 다른 사람들도 그냥 시간만 지나면 자연스럽게 '모르는 사이'에서 '아는 사이'가 되는 걸까?

글쎄, 사람 사이는 시간이 지났다고 저절로 생기는 게 아니야. 학교에서 1~2년 같은 반이어도 반 사람들 전부랑 그냥 다 아는 사이가 되진 않잖아. 얼굴만 알거나 거의 모르는 애들도 꽤 있지. 곰곰이 생각해 보면, 그런 애들이랑은 서로 무언가를 '주고받은 것'이 거의 없었어.

같은 공간에서 꽤 오래 함께 있어도 말 한마디조차 주고받지 않으면 계속 모르는 사이가 될 뿐이구나.

그렇지. 우리는 그동안 이런저런 대화를 자주 나눴으니까 꽤 친해진 거고.

그런데 뭔가를 주고받는다는 말이 약간 거래 같지 않아? 사람 사이를 거래로 생각하면 좀 삭막한 느낌이 드는데?

주고받는 걸 돈이나 선물로만 생각하면 당연히 그렇게 느껴지지. 그런데 서로 주고받는 건 그런 거 말고도 많아.

뭐가 있는데?

사랑이나 관심, 미움 같은 것도 서로 주고받을 수 있지. 사랑을 주고받으면 사랑하는 사이가 되고, 미움을 주고받으면 미워하는 사이가 되는 거지. 생각보다 간단하지 않아?

그럼 아는 사이가 되려면 서로에 대해 아는 것을 주고받아야 하는 건가?

얼추 맞는 말이긴 한데, 반만 맞아. 서로 안다는 건 그냥 상대에 대한 정보를 머리로 아는 것도 있지만, 조금씩 친해지면서 마음으로 아는 것도 있거든. 그래서 서로 물어보고 대답을 주고받으며 점점 알아가야 비로소 아는 사이가 되는 거지.

으, 역시 그게 문제야. 난 모르는 사람한테 이것저것 묻는 건 거의 불가능해.

처음부터 그런 대화를 하는 건 누구한테나 어려워. 나도 마찬가지야.

그럼 작은 선물이라도 주면서 친해지는 게 나으려나? 음료수나 사탕 같은 거.

선물을 받으면 나에 대한 상대의 좋은 마음을 알게 되니까 아는 사이가 되는 데 도움이 되지. 근데 매번 그럴 순 없잖아. 낯선 사람에게 작은 선물이라도 주는 게 쉽지 않아.

음, 그럼 간단한 유머를 몇 개 알아둘까?

잘 모르는 사람에게 다짜고짜 유머라니. 그

건 더더욱 말이 안 되는 소리야.

그러면 내가 모르는 사람에게 할 수 있는 말
은 "안녕하세요" 같은 인사말 정도야.

바로 그거야. 소개팅처럼 작정하고 만나는
자리가 아니라, 일상적인 상황에선 어색한
사이에 억지로 길게 대화 안 해도 돼. 그땐
그냥 인사말만 주고받아도 충분하지. 말을
잘 못하는 사람이든, 내향적인 사람이든 인
사말 정도는 주고받을 수 있으니까.

뭐, 그 정도는 나도 할 수 있지. 그런데 그렇
게 간단한 말만 주고받아서 과연 효과가 있
을까?

물론 말 잘하고, 분위기 잘 띄우는 사람은
인사만 하는 것보다 훨씬 더 좋은 인상을 주
고 빨리 친해질 수 있겠지. 하지만 그런 재주
없어도 괜찮아. 만날 때마다 인사말만 꾸준
히 주고받아도 작지만 관심과 호감을 계속
쌓아갈 수 있으니까. 무엇이든 꾸준히 쌓으
면 결국 커지기 마련 아니겠어? 게다가 사람

사이는 천천히 가까워지는 게 서로 부담이
없어서 오히려 더 좋다고 봐.

아는 사이가 되려면 난 뭐 대단한 걸 주고받
아야 하는 줄 알았는데 아니었네. 인사 같은
작은 관심이라도 나누냐 안 나누냐가 훨씬
중요한 거였어. 근데 가끔 인사할 타이밍을
놓치거나, 인사하기 애매한 분위기일 때는
어떻게 해야 해?

딱 맞는 정답은 없지만, 웬만하면 좀 늦더라
도 그냥 인사하는 게 좋아. 인사는 큰 힘이
들진 않지만, 사람 사이가 좋아지는 데는 꽤
효과가 있더라고. 반대로 인사를 안 하면 이
것저것 내가 손해 보는 경우가 많지.

그러니까 인사는 '해도 그만, 안 해도 그만'이
아니라 '하면 이득, 안 하면 손해'라는 거네.

맞아. 당장 큰일이 나는 건 아니지만, 길게
보면 인사 안 하는 쪽이 무조건 손해야. 학
생이든 직장인이든 가족이든 인사만 신경 쓰
고 다녀도 나름 괜찮은 사이가 될 수 있어.

엊그제 우리 고모 생일 때 '생일 축하해요, 고모'라고 짧게 메시지로 인사했더니, 다음 날 치킨 쿠폰을 보내 주시더라고. 전혀 기대도 안 했는데.

오, 대박이다. 그래서 그 치킨 먹었어?

아직 안 먹었지! 말 나온 김에 우리 고모가 준 쿠폰으로 같이 치킨이나 뜯으러 가자.

'던바의 수'라는 연구에 따르면, 이름·얼굴만 아는 수준을 넘어서 가까운 인간관계를 맺을 수 있는 사람의 수는 대략 150명 정도라고 합니다. 80억 명이나 되는 세계 인구에 비하면 0%에 가까운, 아주 적은 숫자입니다. 그렇기에 '아는 사이'는 내 인생에서 꽤 중요한 인간관계라고 볼 수 있습니다.

아는 사이는 친밀한 관계의 출발점입니다. 흔히 출발점은 가볍게 생각하기 쉽지만, 사실 이곳은 이미 친구가 많거나 연애에 능숙한 사람조차 늘 어려움을 느끼는 단계입니다. 게다가 누군가 대신해 줄 수 없는, 온전히 나만의 몫이기에 더 막막하게 느껴질 수도 있습니다.

하지만 괜찮습니다. 우리에겐 '인사'라는 가장 쉽고 강력한 도구가 있으니까요. 급하게 친해지려 애쓰기보다, 만날 때마다 가볍게 인사를 건네다 보면 어느새 아는 사이가 됩니다. 인간관계는 '언제부터 친해졌지?' 싶을 만큼, 가랑비에 옷 젖듯 자연스럽게 스며들어야 좋습니다.

인사말을 주고받으며 아는 사이가 되었다면, 이제 한 단계 더 가까운 '아는 친구'로 나아갈 차례입니다. 그러려면 어떤 말을 주고받아야 좋을까요?

👥 2장
아는 사람에서 아는 친구로

　　은우는 쉬는 시간에 지수가 동아리 신입생들과 "까르르" 웃으며 즐겁게 떠드는 모습을 보았습니다. 이제 겨우 어색한 인사만 나누고 쭈볏거리는 자신과 달리, 누구와도 금세 친하게 지내는 지수의 붙임성이 은우에겐 마냥 부러웠습니다.

지수야, 도대체 무슨 재밌는 얘기를 그렇게
하고 있었어? 멀리서 봐도 되게 재밌어 보이
던데.

　　　　아, 그냥 요즘 동아리 생활이랑 집에서 있었

던 일 좀 얘기해 준 거야. 별거 아니야.

별거 없기는. 난 아직도 인사만 하고 도망가
기 바쁜데… 그나저나 넌 친해지고 싶은 사
람이랑 얘기 좀 나누려면 어떻게 해? 할 말
같은 거 미리 준비해 가?

아니, 난 그렇게 꼼꼼한 사람은 아니야. 게
다가 대화할 때마다 따로 준비를 해야 한다
면 답답해서 못 살지.

난 꽤 친한 사람이랑 얘기할 땐 그럭저럭 말
은 하는데, 조금 아는 사람이랑 얘기할 땐 무
슨 말을 해야 할지 모르겠어. 심지어 가족이
랑 얘기할 때도 가끔은 어색하거나 막막하기
도 해.

사실, 나도 그래. 대화를 어떻게 시작해야
할지 몰라 망설일 때가 은근 많아. 얘기하다
가 갑자기 말문이 막힐 때도 종종 있고. 나도
말을 엄청 잘하는 사람은 아니라서.

나만 그런 게 아니었구나.

근데, 무슨 일이든 어렵게 생각하면 시작하기도 어렵고 계속하기도 힘들잖아. 대화도 마찬가지 아닐까? 이왕이면 쉬운 대화를 하는 게 좋아 보여.

그러고 보니 인사말이야말로 제일 쉬운 대화구나. 한두 마디 말로 끝나니까. 혹시 그다음으로 쉬운 건 뭐가 있을까?

나는 잡담이 그다음인 것 같아. 가볍고 편하게 떠드는 거. 무겁고 어려운 얘기 꺼내면 갑자기 긴장돼. 죽자고 이기려 드는 토론 분위기 되면 말이 더 막히고.

잡담이라고 하면 대부분 쓸데없는 이야기라고 생각하잖아.

주변 이야기 가볍게 하는 게 절대 시간 낭비는 아니야. 유튜브 쇼츠만 봐도 그렇잖아. 다들 거창하고 무거운 얘기보다 그냥 가벼운 거 보면서 웃고 넘기고. 그게 다 우리 일상을 채워 주는 거지. 그리고 사람은 부담 없이 말을 섞을수록 금세 가까워져. 아까 동아리 신입생들이랑 한 얘기도 잡담이었어.

그런데 잡담도 마냥 쉽지만은 않아. 어느 정
도 말재주나 지식이 필요하잖아.

이것저것 아는 게 많으면 좋겠지만, 나는 말
솜씨나 아는 게 부족해도 잡담하는 데 거의
문제 없다고 생각해. 그것만 있다면…

그게 뭐야?

상대방에 대한 관심.

관심만 있으면 된다고? 정말?

내 주변에 말 정말 잘하는 친구가 있는데,
그 친구도 관심 없는 사람이랑은 대화를 잘
못해. 그건 누구나 마찬가지일걸? 상대에게
관심이 없으면 물어보고 싶은 게 딱히 없고,
질문을 받아도 대충 대답하게 돼. 그러면 가
벼운 대화도 거의 잘 안 되더라고.

혹시 네가 말하는 관심은 짝사랑이나 깊은
호감 같은 걸 말하는 거야?

에이, 아는 사이에서 갑자기 그런 대단한 마음을 갖긴 어렵지. 내가 말하는 건 상대를 가볍게 살피는 '작은 관심'이야. 상대를 무시하지 않고, 너무 무관심하게 대하지도 않는 정도? 그 정도 관심은 친한 사이가 아니라도 충분히 둘 수 있다고 봐.

상대방을 다짜고짜 싫어하지 않기만 해도 충분히 서로 잡담할 수 있단 거네. 근데 내 생각엔 그 정도론 대화하기 부족해 보여. '관심을 갖는다'는 말이 여전히 애매하게 느껴지기도 하고.

너무 어렵게 생각할 필요 없어. 그냥 내 눈에 바로 보이는 상대 모습이나 기분에 눈길을 주고, 그 사람의 요즘 생활 이야기를 슬쩍 궁금해하면 되는 거야.

그러니까 상대를 대충 흘려보지 말고, 살짝만 더 자세히 보라는 거네. 그 사람이 요즘 뭐 하면서 사는지 어느 정도 궁금해하라는 거고.

맞아. 그리고 상대의 모습이나 기분을 이야기할 땐 깎아내리는 말만 피하면 돼. "모자 좋아 보이는데 어디서 샀어요?", "무슨 좋은 일 있나 봐요" 같은 말은 서로 부담도 딱히 없잖아.

"그 옷, 좀 촌스러운데요", "피부 관리 안 해요?" 같은 말은 하지 말라는 거구나.

재미로라도 그런 말은 하지 않는 게 좋아. 생활 이야기를 주고받는 것도 간단해. "어디 가는 길이에요?", "강아지랑 산책 가나 보네", "부모님은 잘 계셔?" 이런 말들 있잖아.

다만 혹시나 해서 말하는 건데, "형제들 중에 누가 제일 못해요?", "버는 돈에 비해 좀 많이 쓰는 거 같은데요" 같이 비교하거나 자존심 긁는 말은 하면 안 돼. 그건 잡담이 아니라 시비 거는 거니까.

비꼬거나 나쁜 말만 아니면 괜찮구나. 이런 대화라면 많이 친하지 않아도 충분히 나눌 만하겠네.

가장 중요한 건 잡담을 직접 하는 것보다 그
런 대화를 스스로 하찮게 여기지 않는 거라
고 생각해. 상대에게 상처 주는 말만 아니라
면 그 어떤 대화도 쓸데없지 않으니까.

이왕 말 나온 김에, 우리가 인사 몇 번 하고
조금 알게 된 사이라고 가정하고 연습을 해
보자.

좋아, 먼저 지금 당장 네 눈에 보이는 걸 나
에게 말해 봐.

오늘 파란 옷을 입었네요. 파란색 좋아하나
봐요?

제가 딱히 파란색을 좋아하는 건 아닌데, 오
늘 시원하게 입고 싶어서 파랑 티셔츠를 골
랐어요.

확실히 시원해 보이네요. 바다 느낌도 나고.

아침부터 무척 덥더라고요.

음… 옷처럼 눈에 바로 보이는 것부터 관심
을 조금 두고 말하니까 자연스럽게 대화가

되네.

다음은 네 눈에 보이는 상대방 기분에 대해
말해봐.

혹시 오늘 기분이 별로 안 좋으세요? 조금 불
편해 보이는 거 같아서…

딱히 기분 나쁜 일이 있는 건 아니고요. 내일
친구 생일인데 무얼 선물해야 할지 고민 중
이라서 그래 보였나 봐요. 별 일은 아니에요.

친구분 취향이 어떤데요? 달달한 거 좋아해
요, 두고두고 쓸 수 있는 거 좋아해요?

매일 쓸 수 있는 걸 좋아해요. 괜히 거창한
건 싫어하고요.

그럼 휴대용 가습기나 향 너무 세지 않은 핸
드크림 같은 게 쓸 만한데.

핸드크림 괜찮네요. 가격도 무난할 듯!

오호! 상대방 기분에 대해 말하는 게 사실 부
담스러웠는데 막상 해보니까 그리 어렵진 않

네.

이번엔 상대방의 요즘 생활 차례야. 고고.

다음 달 휴가철인데 어디 가세요? 집에서 쉴
때 보통 뭐 하고 놀아요? 가장 좋아하는 음식
은? 요새 즐겨 보는 유튜브 채널 있어요?

워워, 진정해! 그렇게 속사포로 물어보면 숨
차는 느낌이 들어. 질문은 하나씩, 대답을 듣
고 나서 천천히 이어가야지. 이번 질문은 탈
락! 대답은 패스할게. 이번엔 마지막으로 가
족에 대한 잡담이야.

가족에 대한 잡담은 좀 부담스러운데, 정말
해도 될까?

너무 깊은 가족 이야기 말고 가족의 모습을
가볍게 말하면 돼. 그냥 적당히 말해봐. 잡
담이니까. 예를 들어, 가정에서 식사는 어떻
게 하는지, 부모님 성격이나 집안 분위기는
어떤지 같은 거. 상대방에게 조금만 관심을
두면 얼마든지 이야기할 수 있어.

음… 우리 집은 아침마다 꼭 같이 식사하는
데, 너희 집은 어때?

> 부모님이 아침에 샐러드랑 빵, 아니면 밥이
> 랑 국을 준비해 두면 각자 먹고 정리해. 사
> 람마다 아침에 나가는 시간이 다르거든.

편하긴 한데 혼자 먹을 때가 많겠네.

> 대신 저녁에는 가족이 다 같이 먹어서 괜찮
> 아.

오홍.

> 이렇게만 해도 벌써 잡담이 되잖아. 이런 거
> 말고도 부모님 성격, 집안 분위기 같은 것도
> 얘기하려고 하면 말할 게 정말 많아. 상대가
> 좋아하는 분야를 알면 그걸로도 마음껏 이
> 야기할 수 있고, 뭘 좋아하는지 모르면 물어
> 보면 되고. 결국 중요한 건 상대방에게 조금
> 이라도 관심을 두는 거야.

난 그동안 개인적인 일이나 가족 이야기를
꺼내면 상대가 불편해할 거라고만 생각했는

데 그게 아니었구나. 내 딴에는 배려였는데
사실은 관심이 부족해서 할 말이 없었던 거
였어.

에이, 사람들은 자신의 이야기 물어봐 주면
은근히 좋아해. 자, 그럼 실전 연습 한 번 해
볼까? 내 얼굴, 우리 아빠랑 엄마 중 누구를
더 닮았을 것 같아?

엥? 혹시 엄마보다 아빠를 닮은 거야?

궁금하지? 물어보는 데 부담 없지? 가족 이
야기나 이런저런 잡담은 은근히 재밌어.

그러고 보니 잡담은 돈도 안 들고, 노력이 많
이 들지도 않는, 이래저래 참 좋은 놀이가 되
네.

공짜야.

나한테 5년 넘게 알고 지내는 친구가 있는데,
생각해 보니 그 친구 가족 얘기를 들어본 적
이 없어. 내가 너무 무심했던 거 같아. 다음에
만나면 이것저것 좀 물어봐야겠어.

좋은 자세네. 다음에 그 친구 만나면 그땐
충분히 이야기하길.

그런데 혹시 너 부모님 사진 있어? 너 진짜
아빠를 닮았니? 한 번만 보여줘 봐.

싫은데~ 내가 왜~

　인사가 관계의 문을 여는 일이라면, 잡담은 그 관계를 자라게 해 주는 일입니다. 실제로 잡담은 친구나 연인, 가족 사이를 더 가깝게 붙여주는 접착제 역할을 합니다.

　가족관계를 한 번 볼까요? 자녀가 어릴 때는 시시콜콜한 잡담이 많아 부모와 세상 둘도 없는 단짝이 됩니다. 하지만 사춘기가 되면 대화에서 잡담은 사라지고 용돈이나 성적 같은 '필요한 말'만 남게 됩니다. 대화는 하는데 사이는 오히려 서먹해지는 큰 이유가 바로 여기에 있습니다.

　이처럼 잡담은 서로 친하게 지내는 일에 매우 필요합니다. 다행히 잡담에는 거창한 노력이나 준비가 필요 없습니다. 상대를 향한 아주 '작은 관심'만 있으면

됩니다. 특히 상대의 마음에 관심을 둘수록 즐겁고
좋은 잡담을 할 수 있습니다.

　잡담을 주고받으며 아는 친구 사이가 되었다면, 이
제 한 단계 더 가까운 '친한 친구'로 나아갈 차례입니
다. 그러려면 무슨 말을 주고받아야 좋을까요?

�👥 3장
아는 친구에서 친한 친구로 1

    은우는 영화 《아노니마(2021)》를 보며, 문자를 주고받는 것만으로도 친한 친구가 될 수 있다는 사실이 마음에 와닿았습니다. 생각해 보니 은우는 1년이나 지났지만 아직 지수의 연락처를 몰랐습니다. 늘 동아리 단톡방에서만 대화했기 때문입니다. 은우는 지수에게 어떻게 연락처를 물어봐야 할지, 혹시 거절당하면 어떡할지, 연락처를 받게 되면 어떻게 통화해야 할지 막막했습니다. 다음 날, 은우는 지수에게 말을 걸었습니다.

지수야, 네 연락처 좀 알 수 있을까?

내 전화번호? 왜?

그냥… 가끔 연락하려고. 같이 놀고 싶거나
궁금한 게 생길 수도 있잖아.

나는 과제나 일 때문이 아니면 모르는 사람
한테는 번호 잘 안 알려 주는데, 너는 친구
니까 알려 줄게. 010-7979-4242. 너는?

내 번호는 010-0909-7942.

근데 너, 연락처를 준다는 게 무슨 뜻인지
알아?

전화해도 괜찮다는 거, 아닌가?

너는 전화 오면 보통 어떻게 해?

하던 일 멈추고 전화부터 받지.

나도 그래. 전화 오면 내가 하던 일보다 통
화가 먼저야. 내가 너한테 번호 준다는 건,
네가 전화했을 때 내 시간을 먼저 너한테 쓰
겠다는 거야.

와… 거기까진 생각 못 했네. 난 그냥 전화는
받는 게 당연한 거로만 생각했어.

거는 사람은 상대 시간을 강제로 멈춰 세우
는 힘을 가진 거나 다름없어. 문자도 마찬가
지야. 일단 보내면 상대의 눈길을 뺏어가잖
아. 그래서 먼저 연락할 수 있는 건 생각보다
훨씬 영향력이 큰 편이야.

듣고 보니 그렇네. 내 번호를 여기저기 막 뿌
리는 건, 내 허락 없이 아무나 내 일상에 불
쑥불쑥 끼어들게 만드는 거였어.

맞아. 그래서 번호를 달라는 건 가볍게 툭 던
질 말이 아니야. 마치 '네 방문을 언제든 열
수 있는 열쇠 하나만 복사해 줘'라고 부탁하
는 거랑 조금 비슷하달까? 상대가 전화하면
그 즉시 내 집 현관문을 지나, 내 방문도 지
나서 나에게 닿으니까.

예전엔 연락처 안 알려 주면 '나를 싫어하
나?' 하고 상처받았는데, 그게 아니었구나.
꽤 쉽지 않은 부탁이었어.

이제 알겠지? 그러니까 거절당해도 너무 상처받지 마. 상대는 그저 사생활을 지키고 싶었을 뿐이니까. 그리고 내가 꽤 까다로운 부탁을 했다가 거절당했다면, 상대를 탓하기보다 내 성급함을 먼저 돌아보는 게 좋아. 누구든 거절할 땐 분명 부담을 느끼니까.

그럼 어떻게 해야 번호를 자연스럽게 주고받을 수 있을까?

사실, 어떻게 말하느냐가 그리 중요한 건 아니야. 언제 말하느냐가 중요하지. '서로 아는 친구 정도가 되었을 때' 이후라면 그냥 번호를 물어보면 돼.

그럼 아직 안 친할 땐 방법이 아예 없나?

연락처는 전화번호만 있는 게 아니야. 그럴 땐 전화번호 대신 '아이디'를 물어보면 돼. 카톡이나 인스타, DM(1:1 대화) 같은 거. 이건 전화보다 훨씬 부담이 적거든. 글로 가볍게 시작했다가 더 친해지면 그때 번호로 넘어가도 늦지 않아.

전화 통화는 빼고, 문자로만 연락하는 셈이
네. 확실히 문자가 통화보다 부담이 적지. 긴
대화는 어렵지만.

그런데 일이나 과제 때문에 꼭 전화해야 하
는 상황이라면 잘 모르는 사이라도 처음부
터 번호를 교환해야겠지.

그럼 아이디는 어떻게 물어봐? 그냥 "아이디
좀" 하면 되나?

에이~ 그건 아니지. 아이디 주는 게 돈 드는
일은 아니지만, 이유는 있어야지. "괜찮으면
카톡으로 가끔 얘기 나눌래?", "인스타 아이
디 알려주면 내가 팔로우할게, 나 스토리 보
는 거 좋아하거든", "카톡 아이디 물어봐도
돼? 약속 잡을 때나 소식 전할 때 필요해서"
이런 식으로 말이야.

다짜고짜 달라고 하지 말고, '얘기하고 싶다'
는 의도를 보여 주라는 거구나.

그 정도 성의만 갖춰도 대부분은 기분 좋게
알려줄 거야. 아마 너도 나도 그럴 거고.

예전엔 말 잘하고 성격 좋고 얼굴까지 잘생
긴 사람만 연락처를 받는 줄 알았는데, 나름
필요한 과정이 있었구나.

특별한 매력이 있는 사람은 아직 많이 안 친
해도 연락처를 쉽게 주고받을 수 있겠지. 하
지만 그런 경우는 남자든 여자든 거의 없어.
우린 현실을 살아야지?

아이디를 주고받는 것도 내키지 않을 땐 어
떻게 하지?

모르는 사람이나 조금 아는 사람이 다짜고
짜 연락처나 아이디 달라고 하면 참 곤란하
지. 거절하려고 거짓말할 때도 있고. 근데 거
짓말을 하면 나중에 더 복잡해지니까, "부담
스럽네요, 미안해요"처럼 담담하게 말하는
게 그나마 낫더라.

맞아, 물어본 사람도 친해지고 싶어서 그랬
겠지. 근데 상대가 부담을 크게 느꼈다면…
어쩔 수 없지 뭐. 사람 사이가 내 마음대로만
은 안 되니까. 그런데 나 그냥 네 연락처 한

번 물어봤을 뿐인데, 왜 이런 말들을 잔뜩 들
어야 하는 건지…

네가 나중에 다른 여자들한테 전화번호 막
물어보다가 미움받을까 봐 걱정돼서 그래.
다 너를 위해서야.

고… 고맙다. 그런데 연락처를 받아도 문제
가 있어.

뭔데?

전화로 이야기하고 싶은데, 딱히 할 말이 안
떠오를 땐 어떻게 해?

그럴 땐 안부가 제일 무난해.

안부라면 잘 지내는지 묻는 거?

응. "요즘 잘 지내니?", "오늘 하루 어땠어?"
같은 인사.

쉽고 간단하긴 한데, 좀 형식적이지 않아?

형식적인 대화가 맞긴 해. 그런데 괜히 그런
방식을 사람들이 많이 쓰는 게 아니야. 서로

말을 주고받으려면, 상대에게 관심 갖는 게
중요하다고 전에 말했잖아. 안부를 묻는 건
그런 관심을 보여 주는 좋은 방법이야.

안부를 쓸데없는 형식적인 일로 여기지 말라
는 거구나?

아무리 좋은 이야기라도 서로 기계적이고 따
분하게만 생각하면 실패한 대화가 되겠지.
안부처럼 간단한 이야기라도 서로 기분 좋게
여기면 충분히 쓸 만한 대화가 되는 거고. 안
그래?

그러면 안부를 주고받다가 잡담으로 자연스
럽게 이어 가면 좋겠네.

응. 다만 통화가 너무 길어지면 상대 시간을
많이 뺏으니까, 적당히 이야기해야겠지.

난 그동안 약속 있거나 특별한 일 있을 때만
전화를 걸었는데, 별일 없을 때는 안부를 이
유로 전화하면 되겠구나.

안부 전화가 여전히 부담되면 문자 메시지

나 개인톡도 좋아.

그건 그래.

문자는 실시간 대화가 아니니까 좀 여유가
있지. 천천히 생각하고 보내도 되고. 근데 한
번 보내면 상대는 좋든 싫든 보게 되잖아.
말하듯이 보내도 예의는 챙겨야지.

그래서 광고 메시지가 문자로 많이 오는 거
구나. 보내기만 하면 상대가 일단 광고를 보
게 되니까.

얼마 전에 아는 친구가 장난이라고 욕이 섞
인 문자를 보냈어. 본인은 웃자고 한 거겠지
만, 난 전혀 보고 싶지 않은 글을 억지로 읽
게 돼서 몹시 불쾌했어. 그래서 결국 차단했
지.

문자는 쓰기 쉬워서 관계에 도움이 많이 되
지만, 잘못 쓰면 순식간에 망치기도 하네.

문자 메시지 자체가 잘못인 건 아니고, 쓰는
사람이 문제지. 잘 쓰면 당연히 꽤 좋아. 대

화가 끝나고 못다 한 말을 문자로 마무리하
면 좋더라고. 말실수한 게 있었다면 문자로
사과하는 것도 괜찮고.

나도 가벼운 사과는 문자로 하는 게 훨씬 좋
더라. 상대도 덜 부담스러워하고.

요즘은 글씨체나 이모티콘 덕분에 문자 쓰
는 재미가 있어. 예쁘게 만들기도 편해.

확실히 글을 예쁘게 꾸미는 도구가 요즘 많
아. 그런데 글은 사람의 생각이 드러나는 거
고, 사람 생각을 좋게 만들어 주는 도구는 없
다는 게 문제야.

생각이 삐뚤어졌다면 아무리 꾸밀 게 많아
도 좋은 글로 나오진 않겠지. 결국 어떤 마음
으로 사느냐가 말하고 글 쓰는 실력에 중요
한 거 같아.

좋은 책을 많이 읽으면 좋은 마음으로 살 수
있으려나?

도움이 되겠지만, 독서만으로는 부족하지.

자기 마음이 어두워지지 않으려면 아무래도 사랑이 필요해. 난 그래서 영상 볼 때도 가급적이면 사람들이 서로 도와주고 힘이 돼주는, 그런 훈훈한 콘텐츠를 자주 챙겨 봐.

(쓱쓱쓱쓱) 방금 너한테 문자 보냈어.

'지수 바보?' 차단당하기 싫으면 다시 보내.

(쓱쓱쓱쓱) 다시 보냈어.

'그레이트 울트라 미녀 지수님?' 이제야 제대로 됐네. 근데 이거 왜 보낸 거야? 이게 무슨 안부 문자야?

밑으로 쭉 내려가면 내용이 더 있어.

'이 편지는 영국에서 최초로 시작되어 일 년에 한 바퀴를 돌면서 받는 사람에게 행운을 주었고…' 아잇! 이게 뭐야!

안부 연락은 상대의 근황을 묻는 동시에 나의 존재를 알리는 쉽고 좋은 대화가 됩니다. 그저 학교나 직장에서 별일은 없는지, 오늘 하루는 어땠는지 가볍게 묻는 것만으로도 친구와 동료 사이가 돈독해집니다.

그리고 잊지 마세요. 글과 말은 결국 내 마음에서 흘러나오는 것입니다. 찌푸려진 마음에서는 찌푸린 말이, 다정한 마음에서는 향기로운 말이 나옵니다. 즐거운 통화와 기분 좋은 문자 연락을 바란다면 일단 내 마음이 삐뚤어지지 않도록 가급적 좋은 것을 자주 보고 사랑을 가까이하세요.

연락을 주고받는 일은 친한 친구 사이가 되는 데 큰 도움이 되지만, 그 외에도 다른 일이 필요합니다. 또 무엇을 주고받으면 좋을까요?

🤝 4장
아는 친구에서 친한 친구로 2

지수는 주말에 은우와 함께 놀고 싶었지만, 무엇을 해야 할지 딱히 정하지 못했습니다. 자신이 좋아하는 걸 은우도 좋아할지 잘 몰랐기 때문이었습니다. 한참을 망설이던 지수는 결국 은우에게 전화를 걸었습니다.

여보세요, 으누으누 은우야! 이번 주말에 같이 놀러 나갈래? 나 요즘 일만 했더니 조금… 아니 많이 놀고 싶어.

좋아. 난 주말에 큰 계획 없어. 근데 뭐 하고
놀 건데? 참고로 그날 저녁엔 가족 식사 약속
이 있어서 너무 늦게까지는 어려워. 그리고
요즘 지출이 많아서 돈도 별로 없고…

아직 딱 정한 건 없고, 통화하면서 같이 찾아
보려고 했어. 예전에 다른 친구랑 무리해서
비싼 데 갔다가 돈 아까워서 사이가 어색해
진 적이 있거든. 그래서 요즘은 웬만하면 부
담이 적은 약속 위주로 잡으려고 해.

돈이나 시간 부담을 많이 안 들이고 놀고 싶
으면, 특별한 곳보다 평범한 곳이 더 좋지 않
을까?

평범한 곳? 근처 공원이나 시장, 마트 같은
데? 에이, 그런 데는 딱히 '놀러 간다'는 느
낌이 안 나잖아. 좀 시시하지 않아?

가기 전엔 그렇게 생각할 수 있어. 근데 막상
가보면 절대 그렇지 않아. 은근 재미있다니
까.

무슨 재미? 그런 곳은 가족이랑 자주 다녀

왔는데.

보통 '논다'고 하면 놀이공원이나 콘서트 같
은 특별한 이벤트를 떠올리잖아. 그런 건 준
비도 번거롭고, 돈도 꽤 들고, 하루를 통으로
비워야 해서 자주 못 가. 하지만 동네 산책로
나 시장 같은 익숙한 곳은 준비물도 필요 없
고, 언제든 훌쩍 갈 수 있어. 무엇보다 서로
편하게 대화할 수 있고. 같은 마트라도 엄마
랑 갈 때랑 나랑 갈 때랑 기분이 같겠어?

　　　　　듣고 보니 그렇네. 예전에 동아리 행사 때문
　　　　　에 너랑 같이 마트 가서 장볼 때 꽤 재미있
　　　　　었어. 그냥 과자 고르면서 떠들기만 했는데
　　　　　도 시간 가는 줄 몰랐지. 부모님과 마트 갈
　　　　　때랑은 확실히 느낌이 많이 달랐던 거 같아.
　　　　　그래도 가끔은 영화나 놀이공원 같은 데 가
　　　　　는 것도 좋지 않아?

당연하지. 근데 그건 취향 안 맞으면 서로 꽤
나 불편해지더라. 무서운 거 잘 못 보는 친구
랑 얼떨결에 공포 영화 보러 가면 그 친구 진

짜 힘들잖아. 놀이공원도 마찬가지고.

난 높은 놀이기구 타면 너무 어지러워서 힘
들어.

난 완전 반대야. 스릴 넘치는 것만 골라 타는
편이거든.

이럴 수가… 나랑 비슷할 줄 알았는데.

미안합니다. 의외로 아찔한 놀이기구 무척
좋아해서.

놀랐습니다. 정말 의외라서. 아무튼 이렇게
취향이 갈리면 곤란하니까, 누구나 편하게
같이 즐길 만한 걸 찾아야 해.

어떤 놀이든 무언가를 직접 하는 거보다 '구
경'하는 게 더 쉽긴 해. 예를 들어 축구를 같
이 하는 것보다 같이 보는 게 훨씬 수월하잖
아.

근데 구경도 취향 타지 않아? 나 솔직히 축
구 경기 봐도 뭐가 뭔지 몰라서 제대로 즐기
질 못해.

그래서 '자연'을 구경하는 게 제일 무난해.
꽃, 강, 바다 같은 건 취향도 덜 타고, 따로 규
칙 같은 걸 공부할 필요도 없어. 게다가 그런
곳에 막상 구경 가면 이런저런 이벤트를 할
때도 많아. 근처 수목원이나 지역 축제 같은
곳도 찾아보면 은근히 갈 데 많고.

> 난 친구랑 논다고 하면 무조건 티켓 끊고 들
> 어가는 곳만 생각했어. 지역 축제나 자연 풍
> 경은 어르신들이나 가는 건 줄 알았는데…
> 생각해 보니 성격이나 취향 안 맞을까 봐 걱
> 정할 필요도 없고 좋네.

그런 데서 천천히 걷고, 얘기하고, 구경하고,
사진 찍다 보면, 어느새 시간이 훌쩍 지나 있
을걸?

> 오케이. 그럼 이번 주말 점심에 옆 동네 호수
> 공원에서 볼까? 다음 주까지 거기서 코스모
> 스 축제 한대.

오, 좋다! 거기서 옛날 교복 체험이랑 벼룩시
장도 한다고 들었어. 그 교복 입고 포토존에

서 흑백 느낌으로 같이 사진 찍으면 재미있
겠다. 벼룩시장 구경하면서 마음에 드는 물
건 하나씩 서로 선물하는 것도 좋고.

　　　　　되게 소소한 놀이인데, 이상하게 꽤 기대된
　　　　　다.

요즘 유명인 나오는 화려한 영상 많이 보잖
아. 재미있긴 한데, 보고 나면 내 하루는 시시
하게 느껴지는 부작용이 있더라고. 결국 내
진짜 일상이 훨씬 소중하더라. 그걸 친구랑
나누면 더 좋고.

　　　　　잠깐, 방금 한 말은 좀 감동인데? 이거 돈 내
　　　　　고 들어야 되는 거 아니야?

그러면 이번 기회에 구독해야지. 자, 구독 버
튼은 여기, 내 배꼽이야. 꾹 눌러.

　　　　　좋아, 두 번 눌러야겠다. 구독하자마자 바로
　　　　　취소.

구독 취소는 반칙이야. 알림 설정도 하라고!

주말에 은우와 지수는 코스모스 축제를 하는 공원에서 만났습니다. 둘은 옛날 교복 체험 부스에서 교복을 맞춰 입고 포토존 앞에서 흑백 사진을 찍었습니다. 둘은 벼룩시장을 천천히 돌며 심플한 가죽 열쇠고리와 작은 꽃 모양 머리핀을 골라 서로에게 선물했습니다. 핑크빛 물결 같은 코스모스 길을 걸으며 두 사람은 이런저런 일을 도란도란 이야기했습니다.

지수는 영화관에서 말 한마디 없이 영화만 보고 나오는 날보다 오늘이 훨씬 좋다고 느꼈습니다. 거창한 계획이 없어도 함께라는 이유만으로 충분히 행복한 하루였습니다.

연락과 즐거움을 주고받으며 친한 친구 사이가 되었다면, 이제 한 단계 더 가까운 '절친한 친구'로 나아갈 차례입니다. 그러려면 무엇을 주고받아야 좋을까요?

🫂 5장
친한 친구에서 절친한 친구로

    지수는 은우를 정말 가까운, 절친한 친구라고 생각했습니다. 그러다 문득 '은우도 나를 그렇게 생각할까?' 하는 의문이 들었습니다. 만약 은우에게 나는 그저 '적당히 친한 친구' 정도라면 꽤 슬플 것 같았습니다. 이런 생각이 떠오르자 지수는 점점 걱정이 커졌습니다. 다음 날, 지수는 궁금증을 참지 못하고 은우에게 넌지시 말을 꺼냈습니다.

        은우야, 너는 친구 사이가 뭐라고 생각해?

음… 서로 아는 사이에서 더 익숙해지면 그
게 친구 아니야? 내가 너를 친하다고 생각하
고, 너도 나를 친하다고 생각하면 그게 친구
지.

맞긴 한데, 그 '친하다는 것'을 도대체 어떻
게 확인해? 한 사람은 친구라고 생각하는
데, 상대는 아는 사람으로 생각할 수 있잖
아.

내가 누군가를 친구로 여기는 건 내 마음이
니까 알기 쉬워. 그런데 상대가 나를 어떻게
생각하는지는 그 사람 속마음이라서 내가 제
대로 알 수 없지.

누가 다른 사람 마음을 한눈에 보여 주는 기
계 좀 만들어 줬으면 좋겠다.

그런 기계가 과연 나올까?

엑스레이나 초음파 기계는 사람 몸속 구석
구석을 보여 주잖아. 마음도 사람 몸 안에
있으니까 마음을 보여 주는 기계도 언젠가
는 나오지 않을까?

너 오늘따라 다른 사람 마음이 엄청 궁금한
가 보네. 그래서, 그 사람이 도대체 누군데?

크흠… 쓸데없는 소리 말고. 결국 기계가 없
으니까 직접 물어보는 수밖에 없나.

설마, 대놓고 "너, 나랑 친구라고 생각해?"라
고 묻게? 맨 정신에 그런 말을 하기는 어려워
보이는데.

어쩔 수 없지. 그게 정말 궁금하다면 말야.
물었을 때 상대가 "응"이라고 대답하면 바
로 확인되는 거잖아.

에이, 현실에서는 친구 사이를 그렇게까지
확인 안 해. 그런 질문을 한다는 거 자체가
이미 확신이 없다는 증거 아니겠어? 게다가
그런 질문을 받는 사람은 상대가 시비 건다
고 생각할 수도 있어.

그럼 상대가 나를 진짜 친구로 생각하는지
확인할 방법이 아예 없단 거야? 그냥 한 사
람이 마음대로 '우린 찐친이야'라고 정하면
그만이네. 상상해 보자. 우리 엄마가 너한테

"지수랑 아주 친한 친구 사이니?"라고 물었
는데, 나는 옆에서 "맞아요" 하고 너는 "전
아닌데요?" 하면⋯ 나 어떻게 살아?

음⋯ 그럴 땐 조용히 방에 들어가서 이불 뒤
집어쓰고 울면 되지 않을까?

너!

진정해, 네 말대로 상상일 뿐이잖아. 정말 서
로 매우 친하면 그 느낌이 분명히 들 거야.
반대로 애매하면, 아직은 그냥 적당히 친한
사이로 봐야 하고.

느낌 말고, 좀 더 확실한 다른 방법은 없나?

그럼⋯ 아무 때나 편하게 불러서 같이 놀고,
같이 일할 수 있는 사이면 어때?

거리낌 없이 같이 놀고 일하는 건 꽤 친하니
까 가능한 일이긴 한데, 그것만으로 제대로
된 친구라고 하긴 좀 부족하지. 놀거나 일하
는 건 겉으로 보이는 모습이잖아. 겉모습만
이 아니라 속마음도 가까워야 제대로 된 친

구 아니겠어?

그럼 네 말대로, 상대랑 속마음을 자주 주고
받았는지 보면 되겠네.

어떻게?

속마음이라면 고민이나 기쁜 일, 슬픈 일 같
은 거잖아. 서로 그런 걸 함께 나눈 적이 있
는지 떠올려 보면 되지 않을까? 단, 상담사나
의사처럼 직업적으로 들어주는 건 제외하고.

그렇다면 내가 상대에게 기쁘거나 슬픈 내
마음을 말한 적이 있는지, 반대로 걔가 고민
있을 때 나를 찾았는지, 그리고 내가 그걸 진
심으로 들어줬는지 기억을 더듬어 보면 어느
정도 알 수 있겠네.

듣고 보니, 예전 일만 조금 떠올려 봐도 서로
절친인지 어느 정도 감이 오겠다. 그런데 다
른 사람 험담하는 것도 나름 속마음 나누기
인데, 그건 어때?

서운한 감정을 나누는 것도 당연히 되겠지.

흔히 험담을 같이 하다 보면 많이 친해지기도 하잖아. 하지만 험담으로 뭉친 사이는 좀 위험할 수 있어. 결국 내 이미지도 깎아먹고, 나중에 그 화살이 나한테 돌아올 수도 있거든.

근데 서로에게 막말을 해도, 피해를 주어도 다 참아 주는 사이가 찐친 사이라고 믿는 사람도 있더라.

친구끼리 욕을 주고받고도 웃고 넘어가면, 그 순간엔 '우린 엄청 친하다'라고 느낄 수 있어. 그래도 그건 어디까지나 편한 사이라는 잠깐의 표시일 뿐이야. 그런 말들이 겉으로는 농담 같아도 마음속에는 큰 상처로 남을 수 있으니까. 마음이든 몸이든 서로를 다치게 만드는 사이를 찐친이라 보기는 좀 그래.

그렇구나. 서로 함부로 대하는 걸 마냥 친한 사이로 볼 순 없겠지.

아 참, 며칠 전에 수희가 누군가를 좋아한

다고 나한테 털어놨어. 그럼 걔는 나를 진짜
친구로 생각하는 걸까?

그럴 가능성이 크지. 그런데 그 '누구'가 혹시
나야?

그건 말해 줄 수 없어.

뭐야, 나한테는 속마음을 안 털어놓는 거 보
니까 나를 절친으로 안 보는구나?

그건 속마음이 아니라 완전 사생활이거든?
그리고 꿈 깨라. 100퍼센트 너 아니니까. 사
람이 분수를 알아야지.

아! 그리고 아까 그 상상. 네 엄마가 "너희 아
주 친한 친구 맞지?"라고 물었던 거… 그거,
내 대답도 "맞아요"야.

뭐래! 안 물어봤거든? 밥이나 먹으러 가자.
오늘은 내가 산다. 그냥, 오늘따라 돈이 좀
남네.

진정한 친구님! 어서 가시지요. 길을 비켜라~

에헴~

　친한 사람이 늘어나면, 대부분은 적당히 연락하고 함께 노는 친구 사이로 남습니다. 그중에서 속마음을 주고받는 사이가 매우 친한 친구로 자랍니다. 친한 친구와 절친한 친구는 역할이 다르지만, 둘 다 꼭 필요합니다. 친한 친구는 일상을 즐겁고 편안하게 해 주고, 절친한 친구는 마음속 깊은 이야기까지 함께 나누게 해 줍니다.

　속마음을 나눌 친구가 있다고 해서, 모든 고민이나 감정이 바로 해결되는 것은 아닙니다. 그래도 내 이야기를 편하게 들어 줄 친구가 있다는 것만으로도 삶은 훨씬 든든해집니다. 누군가에게 내가 그런 상대가 되어 주는 것 또한 삶의 큰 보람입니다.

　속마음을 주고받으며 절친한 친구 사이가 되었어도, 그 사이가 영원히 그대로 남는 것은 아닙니다. 친구 사이는 가끔 흔들리기도 하고, 사이가 틀어지기도 하니까요. 이제 서로 '오래 가는 절친'이 되려면 무엇을 주고받아야 좋을까요?

🫂 6장
절친에서 오래 가는 절친으로 1

지수와 은우는 점심을 먹으러 근처 중국집으로 향하고 있었습니다. 두 사람은 꼬르륵거리는 배를 잡고 메뉴 토론에 열을 올렸습니다.

하, 오랜만에 중국집 가니까 심장 뛴다. 난 짜장면에 탕수육은 무조건 시킬 거야. 근데 은우, 너 탕수육 소스 찍어 먹어? 부어 먹어?

난 찍어 먹는 거. 바삭한 게 좋거든.

내 그럴 줄 알았다. 예전에 우리 동생이 초밥 먹을 때마다 밥 쪽에 간장을 듬뿍 찍어서 엄청 짜게 먹더라. 그래서 내가 생선 쪽에 찍어 보라고 알려 줬더니, 그때부터 초밥을 제대로 즐기기 시작했지. 이제는 은우 너 차례구나. 탕수육은 소스가 튀김에 촉촉하게 스며들어서 부드러워져야 진짜 맛있는 거야. 남은 인생 계속 손해 보기 싫으면 오늘 소스 붓자. 안 그러면 나 진짜 실망할지도 몰라.

실망할 일까지는 아닌 거 같은데⋯ 그리고 초밥이랑 탕수육은 다르거든? 그냥 취향 차이로 두자. 응? 나 솔직히 지금 네 눈빛 좀 무서워.

난 네가 잘못된 길을 가는 걸 두고만 볼 수 없거든? 오늘만큼은 억지로라도 너를 부먹으로 바꾸고야 말겠어. 이 집 소스가 예술이란 말이야!

한마디만 할게. 난 네 아바타가 아니야.

아⋯ 갑자기 슬슬 화가 나려고 하네. 내 진심

을 몰라 주고.

난 네가 이렇게까지 나오는 이유를 잘 모르
겠어. 취향이 서로 다른 게 이렇게 열 받을
일인가.

남이면 부먹이든 찍먹이든 상관없어. 근데
넌 나랑 가까운 사람이고, 지금 이건 우리 밥
이 걸린 문제야. 특히 탕수육은 같이 먹는 음
식이라서 그냥 취향 차이로 넘기기가 잘 안
돼. 가뜩이나 나는 중국 음식에 진심인 거 알
잖아.

하긴, 내가 엄청 좋아하는 연예인이나 스포
츠 선수가 있는데 친구나 가족이 그 사람을
엄청 싫어하거나 막 비난하면, 그냥 취향 차
이라고만 생각하긴 어렵지.

그치? 내 말이 그 말이야. 이제 우리 부먹으
로 같은 편 되는 거야?

근데 난 싱겁게 먹는 편이라, 다른 음식도 소
스를 거의 안 찍어. 당연히 들이붓는 건 안
좋아하고. 너 혹시 만두 먹을 때도 간장에 푹

담가 먹어?

으음… 생각해 보니 돈까스 먹을 때도 소스 범벅해서 먹긴 해. 아, 갑자기 좀 슬퍼지네. 내 입맛이 짠 거였나?

화 냈다가 슬펐다가, 나도 좀 혼란스럽다.

나 아무한테나 이런 모습 보이지 않아. 너니까 이러는 거야. 난 가까워질수록 이상하게 상대를 좀 막 대하게 되더라. 서로 생각 다르면 잘 안 받아들이고, 말도 감정 섞어서 툭툭 나오고… 나 밉지?

응.

???

아니, 그런데! 엄청 많이는 아니야. 사람은 서로 익숙해지면 어쩔 수 없이 종종 이런 일이 일어나지 않나?

다행이네. 나만 그런 게 아니라서. 그럼 앞으로 계속 이래도 되지?

하아, 절친한 친구 사이가 단단하긴 해도 천하무적은 아니지. 자주 다투거나 한 번 크게 부딪히면 와장창 깨질 수도 있어.

그런 말을 내 앞에서 대놓고 하다니, 너무해.

밥 먹으러 가면서 엄청 진지한 이야기 하려는 건 아니야. 근데 친구 사이 다툼은 꽤 중요한 문제야. 특히 싸우고 난 뒤에 '기분'이 어떤지가 제일 중요해. 크게 싸워도 기분만 안 상하면 별일 아닌데, 작게 부딪혀도 기분이 많이 망가지면 오래 가거든. 뭐, 기분이 나빠져도 금방 잘 풀리면 또 모르겠지만.

너, 슬퍼서 눈물 날 때 '슬픔 그만!' 한다고 바로 눈물이 멈춰?

아니지.

내 감정이나 기분은 내 것이지만, 그렇다고 내 마음대로 조절할 수 있는 건 아니잖아. 특히 기분 나쁜 걸 금방 푸는 사람은 정말 거의 못 봤어.

휴대폰 음량 버튼처럼 사람 기분도 버튼을
눌러서 바로바로 바꿀 수 있으면 편할 텐데.
그러면 서로 싸울 일이 전혀 없을걸? 하지만
현실은 내 기분이든 상대 기분이든 조절하기
가 진짜 어려우니까, 애초에 서로 기분을 망
치지 않는 게 매우 중요해 보여.

　　　　그럼 상대 기분을 가장 나쁘게 하는 일이 뭔
　　　　지 알고, 그걸 조심해야 하겠네.

여러 가지가 있겠지만, 제일 심각한 건 아무
래도 '강요'라고 생각해. 친구 사이에는 가끔
서로 이런저런 개인적인 부탁을 할 때가 있
어.

　　　　친하면 그럴 수 있지.

처음에는 부탁하는 쪽이 '친하니까 이 정도
는 괜찮겠지'라고 생각하다가, 나중에는 '이
정도도 안 해 주면 친구 아니지'라는 당연한
권리로 착각할 때가 있어. 그때 부탁이 강요
가 되는 거야.

　　　　음, 그러면 상대는 친구 부탁이라 거절하기

는 어렵고, 강요처럼 느껴져서 기분은 상하고. 이래저래 괴롭겠네.

강요하는 쪽은 친구가 자기 말을 당연히 들어 줄 거라 생각했기 때문에 거절당하면 상대를 오히려 나쁜 친구로 몰 수도 있어.

가뜩이나 상대도 괴로운 상황이었는데 그렇게 나오면 더 열 받겠다. 그러면 아무리 절친이어도 사이가 깨질 수 있겠는데. 도대체 왜 이런 일이 생기는 거야?

적당히 친하면 그런 무리한 부탁을 안 해. 하지만 매우 가까운 친구라면 상대를 많이 의지하면서 무리한 요구도 하게 되겠지. 가족도 마찬가지잖아? 친구든 가족이든 많이 기댈수록 무심코 함부로 대하기 쉬워.

...

예전에 부모님께 연습장 노트를 하나 사 달라고 했다가 거절당해서 꽤 실망한 적이 있어. 그 정도는 당연하게 들어 주실 줄 알았거든. 근데 생각해 보니까, 부모님이 나한테 이

미 용돈을 충분히 주셔서 그냥 내가 사면 되
는 거였어. 내가 많이 의지했더니 괜히 아무
잘못 없는 부모님한테 화를 내고 있더라고.

뭐, 나도 방금 그랬지. 네가 찍먹이어도 내가
부먹이면 당연히 나한테 맞춰 줄 거라 생각
했어. 그러지 않았어야 했는데. 아무래도 상
대가 내 부탁 들어 주는 걸 당연하게 여기지
않는 게 중요한 거 같아.

내 생각도 그래. 그러려면 서로 의견이 같거
나 상대가 내 부탁 들어주는 걸 '그럴 줄 알
았어'가 아니라 '우리 의외로 서로 잘 맞네',
'내 부탁을 들어주니 신기하네'라고 생각해
야 좋을 거 같아.

그거 좋네. 만약 은우 네가 나랑 같은 부먹
이라고 대답했으면, 나는 '역시 예상대로야'
가 아니라 '나랑 취향이 같다고? 희한하네'
라고 생각하는 거야. 그러면 서로 생각이 같
은 게 흔한 일이 아닌, 기쁜 일이 되는 거지.

그러면 반대로 내가 찍먹이라고 했으면?

그럼 기쁜 일이 아닌, 흔한 일이 될 뿐이겠지. 흔하게 일어나는 일이니 화낼 필요도 없을 거고. 자신이 좋아하는 스타일로 먹겠다는 흔한 일을 난 왜 그렇게 못마땅하게 여겼는지…

봐 봐, 내가 찍먹이라고 같은 대답을 해도 아까랑 지금 네 반응이 아예 다르잖아. 생각을 조금만 바꿔도 불필요한 다툼이 확 줄어들잖아.

사이가 가까워질수록 좋은 점도 많아지지만, 굳이 안 싸워도 되는 일로 다투는 때도 훨씬 늘어나는 거 같아. 남자든 여자든, 상대에게 많이 기대는 사람일수록 이런 점은 특히 더 조심할 필요가 있겠어. 근데 절친 사이에 항상 '이건 당연한 거 아니야' 생각하면서 계속 조심하고 지내는 건, 아무래도 현실적으로 너무 피곤할 거 같아.

당연히 그러면서 사는 건 불가능하지. 그나마 절친끼리 서로 의견이 같을 때는 "좋아",

내 부탁을 들어줄 때만큼은 "고마워" 같은
표현을 최대한 자주 자주 쓰는 게 현실적인
방법이야.

친구끼리는 고맙다는 말 안 해도 된다던데?

서로 멋쩍으니까 그렇게 말할 수는 있지. 근
데 그 말은 부탁을 들어준 쪽만 할 수 있는
거야. 부탁했던 쪽이 그러는 건 좀 아니지. 오
히려 말로만 고맙다고 하기보다 작은 선물
이나 밥 한 번 사는 식으로 성의를 보여 주는
게 더 상식이지.

맞아. 그건 직장이든 집이든 어디서나 똑같
아.

탕수육 시켜서 음식 나오면 각자 앞접시에
덜어서 자기 스타일대로 먹자. 난 소스 조금
만 가져갈 테니까, 넌 마음껏 부어 먹어.

뭐야, 처음부터 그랬으면 됐잖아.

네가 아까 내 말 들을 틈을 안 줬잖아. 얼른
들어가자, 배고파.

아는 친구 사이는 서로에 대한 기대가 적어서 생각이 달라도 내 부탁을 들어 주지 않아도 그냥 넘기기 쉽습니다. 하지만 절친 사이는 기대가 커서, 작은 생각의 차이나 사소한 부탁을 거절당해도 큰 서운함을 느낄 수 있습니다. 그래서 아는 친구일 때는 기분 나쁘지 않을 일들이 절친일 때는 기분 상하는 일이 되면서 괜한 다툼이 자꾸 늘어납니다.

병을 치료하는 것보다 예방하는 것이 훨씬 좋듯이, 친구와 다투고 나서 화해하기보다 애초에 다툼을 피하는 편이 훨씬 더 중요합니다. 그러려면 매사에 '당연하다'는 생각을 자꾸 버리고, '고맙다'는 생각으로 그 자리를 꾸준히 채워야 합니다.

절친한 친구 사이는 서로 더 잘해 주려고 애쓰기보다, 다투는 일을 줄이기만 해도 좋은 관계를 충분히 지켜 나갈 수 있습니다.

강요가 아닌 고마움을 주고받는 일은 오래 가는 절친 사이가 되는 데 큰 도움이 됩니다. 하지만 그 외에 다른 일도 필요합니다. 무엇을 주고받아야 할까요?

👥 7장
절친에서 오래 가는 절친으로 2

중국집에서 배부르게 밥을 먹은 두 사람은 산책로를 걸으며 대화를 이어갔습니다.

음식이 줄어드는 게 아니라 순식간에 사라지던데. 난 너 진공청소기인 줄 알았어.

으아, 나 지금 배불러서 힘들어.

걱정 마, 안 뺏어 먹을 테니까 앞으론 좀 천천히 먹어.

오랜만이라서 나도 모르게 그랬어… 근데 아까, 친구끼리 다투는 이유를 '당연하게 생각해서'라고 했잖아. 그거 말고 다른 이유도 있어?

뭐든 당연하게 여기면 그게 강요로 이어지기 쉬워. 강요는 수많은 '비매너' 중 하나일 뿐이고. 결국 사람 사이를 망치는 진짜 범인은 이런 비매너인 거 같아.

그럼 친구 사이에도 매너가 있어야 안 싸운다는 거네. 근데 매너가 예의랑 거의 같은 말이잖아. 친구끼리 깍듯하게 예의 차리는 건 좀 징그럽지 않아? 어색하기도 하고.

장례식장에서 검은 옷을 입거나 버스에서 조용히 통화하는 걸 흔히 매너라고 하잖아. 그런 매너가 왜 생겼다고 생각해?

장례식장에 밝고 화려한 옷이나 나들이 옷을 입고 가면 유가족은 상대가 기분 좋아 보이니까 조롱당하는 기분이 들겠지. 버스에서 큰 소리로 통화하면 주변 승객 기분은 엉망

이 될 테고. 결국 상대 감정을 긁어놨으니 자
칫하면 싸움으로 이어질 수 있을거야.

흔히 매너라고 하면 영국 사람이 차 마실 때
우아하게 잔을 들고 있는 모습이 떠오르잖
아? 근데 현실에서 매너는 사람들이 멋있어
보이려고 정한 게 아니라 상대를 기분 나쁘
게 만들어서 싸우는 걸 피하려고 정한 '안전
장치'에 가까워.

그렇구나. 그럼 혹시, 내가 친구한테 막 대했
는데도 그 친구가 전혀 기분 나빠하지 않으
면 그건 비매너가 아닐 수도 있겠네?

원래 친구한테 "돼지야"라고 부르는 건 보통
비매너로 보이는 행동이야. 그래도 그 말이
둘만 아는 애칭이고, 듣는 친구도 오히려 재
밌게 받아들이면 그 사이에선 비매너라고 하
긴 어렵지. 문제는 사람 기분이 매일 똑같지
않다는 거야.

사람이라면 당연하지.

만약 다음 날 그 친구가 병원에서 비만이라

는 진단을 받고 많이 우울할 때, 예전처럼 절
친이 장난으로 "돼지야"라고 부르면 어떻게
될까?

그날만큼은 크게 화낼 수도 있겠는데?

이런 경험은 웬만하면 다 한 번씩은 있을걸?
늘 똑같이 대하는 걸 '일관성'이라고 하잖아.
근데 사람은 일관성이 있을 때도 있고, 없을
때도 있어서 문제가 돼.

근데… 있을 때도 있고 없을 때도 있으면, 결
국 일관성이 없는 거 아니야?

조금 애매하지? 예를 들어, 어떤 아이가 5살
부터 10살까지는 짱구 캐릭터를 좋아하고,
11살부터 15살까지는 코난 캐릭터를 좋아했
다고 해 보자. 5년만 놓고 보면 한동안 계속
같은 걸 좋아한 거니까 일관성이 있어 보이
는데, 10년으로 길게 보면 취향이 바뀐 거라
서 일관성이 없다고도 볼 수 있어.

그러니까 길게 보면 사람 마음은 언제든 바
뀔 수 있다는 거야?

길게 볼수록 일관성 없는 사람 마음이 잘 드러난다는 거야. 물론 짧은 기간에도 사람 마음은 왔다 갔다 할 수 있어. 중국집 들어가기 전엔 내가 마음에 안 들었지만, 나오니까 이젠 마음에 들었잖아?

그다지 딱히…

아잇!

아… 맞아 맞아, 이제 밉지는 않아. 근데 왜 갑자기 일관성 이야기가 나와?

"선 넘지 마"라는 말 들어 봤지? 그 '선'은 상대가 무례한 행동을 할 때, 내가 참고 넘어갈 수 있는 한계선이라 보면 돼. 문제는 내 기분에 따라 이 선의 위치가 한결같지 않고 자주 바뀐다는 거야.

기분 좋은 날은 선이 저 멀리 있어서 웬만한 장난은 다 세이프인데, 기분 나쁜 날은 선이 코앞까지 와서 조금만 건드려도 아웃! 뭐 이런 거?

그렇지. 돼지야 사건처럼, 똑같은 말을 했는
데도 어제는 상대가 웃었는데, 오늘은 버럭
화를 내기도 한다는 거야. 절친이라도 이런
일이 자꾸 반복되면, 둘 사이가 매우 나빠질
수 있어.

그러면 어떻게 해야 해?

간단해, 선 바로 위에 아슬아슬하게 놓인 "돼
지야"라는 표현을 안 쓰면 돼. 그런 말을 꼭
써야만 절친이 되는 건 아니잖아.

그럼 친구끼리 웃기려고 무리수 두는 것보
다, 조금 재미없어도 매너 지키는 게 훨씬 낫
겠네.

사람마다 원하는 친구 분위기는 다를 거야.
그래도 난 어느 날 갑자기 절교할 것 같은 불
안한 사이보다, 오래 가는 안정적인 사이가
좋아. 게다가 나이가 많이 들어서도 막말하
며 지내는 친구 사이는 바라지 않아.

나도 지킬 건 지켜주는 사이가 좋아. 근데 현
실에선 오히려 내가 매너 없이 굴 때가 있어

서 그게 문제야. 일부러 그러는 건 아닌데,
나도 모르게 그럴 때가 있거든.

나도 그렇고 다른 사람들도 그래. 일부러 비
매너를 저지르는 경우는 드물어. 그냥 무심
코 튀어나오는 거지.

'돼지야' 사건에서 나왔던 그 눈치 없는 친구
처럼, 나도 비슷해.

매우 친하다고 해서 속마음을 항상 전부 다
말하는 건 아니잖아. 절친 사이라도 상대 마
음을 어느 정도 알아채는 눈치가 필요해. 전
에, 상대 표정이 안 좋은데도 계속 개인적인
질문을 끈질기게 하는 사람을 본 적 있어. 아
무래도 그 사람은 '자신이 궁금한 게 있으면
당연히 물어볼 수 있지'라고 생각한 모양이
야. 하지만 눈치가 없으니까 자기가 상대에
게 상처 주는 걸 전혀 모르더라고.

내 요구를 당연하게 여기고, 상대 마음에 관
심이 없으면 눈치 없는 비매너인이 되는구
나. 난 그런 사람은 되고 싶지 않은데.

눈치 있는 사람이 되려면 당연한 생각을 줄
이는 건 기본일 거고, 상대 마음을 엿볼 줄
아는 게 필요하겠지.

　　　　　그걸 어떻게 보냐고… 투시 능력이라도 있어
　　　야 하는 건가?

상대 마음을 다 읽을 필요는 없다고 생각하
면 조금 쉬워져. 상대가 기분 좋을 때는 몰라
도 돼. 하지만 나쁜 기분은 눈치채야 해. 대화
할 때 상대 표정이 어두워지거나 말이 짧아
지는 걸 알아챌 수 있어야겠지.

　　　　　으음, 상대가 대놓고 화내면 알겠는데, 겉으
　　　로는 그냥 가만히 있고 살짝 기분만 나빠 있
　　　으면 알아채기 힘들던데.

서로 잘 모르는 사이에선 상대 마음은커녕
표정조차 읽기 어려워. 최소한 평소에 잡담
을 조금이라도 나눴던 아는 사이는 돼야 표
정을 보고 그 마음을 어느 정도 짐작할 수 있
겠지.

　　　　　하긴, 모르는 사람의 얼굴을 보고 마음까지

엿본다? 그건 말이 안 되지.

하지만 그보다 중요한 건 결국 상대 마음에
관심을 갖는 거야. 사람은 대개 눈앞의 상황
에만 신경을 더 쓰고, 정작 상대 마음에는 관
심을 잘 안 둘 때가 많거든. 평소엔 밝게 이
야기하던 친구가, 오늘은 말투가 차갑다고
해 보자. 상황만 보면 '나한테 화났나?' 하면
서 괜히 서운해지기 쉬워. 하지만 상대 마음
에 관심을 두고 조심스레 대화하면 "집안일
때문에 좀 힘들어" 같은 이야기가 나올 수 있
어. 이렇게 되면 위로가 필요한 친구 마음을
내가 눈치채게 되는 거야.

음… 눈치를 키우려면 그냥 관찰력만 좋아
선 안 되겠네. 서로 얼마쯤 가까운 사이가 되
어야 하고, 상대 마음에 신경을 많이 쓸수록
눈치도 같이 좋아지겠구나.

상대 마음을 알아채는 일이 워낙 쉽지 않은
데다가, 표정이나 기분을 일부러 잘 숨기는
사람도 있어서, 내가 신경을 써도 눈치 없이

행동할 때는 언제든 생길 수 있어. 그럴 땐
뒤늦게라도 솔직하게 사과해서 일이 더 커지
지 않게 하는 게 좋겠지.

난 앞으로 눈치 보는 연습을 좀 해야겠어.
근데 흔히 '눈치 본다'는 말은, 괜히 상대를
살피면서 비위 맞추는 뜻으로 들릴 때가 있
잖아. "눈치 보지 말고 당당하게 살아라" 이
런 말도 있고.

불안한 마음으로 눈치를 볼 때도 있긴 해. 하
지만 우리가 말한 눈치는 상대를 배려하는
센스 같은 개념이야. 당당하게 사는 것도 내
마음대로만 살라는 말이 아니라, 너무 두려
운 마음으로 살지 말라는 뜻인 거고. 어떤 글
에서 봤는데, 목표를 향해 갈 때는 눈치 보지
않고 가도 되지만, 사람과 함께 지낼 때는 눈
치가 꼭 필요하대.

너 갑자기 똑똑한 사람이 된 거 같아. 낯설
어.

자, 오늘 결론. 매너랑 눈치만 잘 챙기면 친구

사이 오래 간다. 이해하셨습니까, 지수 학생?

　　　　　네, 근데 선생님이 제일 먼저 재시험 보셔야
　　　겠어요.

에이, 왜? 설명 괜찮았잖아?

　　　　　설명은 좋은데… 정작 바로 옆에 있는 사람
　　　마음은 까막눈이시길래.

옆에 있는 사람 마음? 그게 누군데?

　　　　　아냐, 됐어… 오늘 진도는 여기까지 하시죠.
　　　눈치 좋은 선생니임.

힌트 한 번만…

　　사람 마음은 늘 같지 않아서 별다른 이유가 없어도
좋던 사이가 갑자기 싫어지거나 어색해질 때도 있습
니다. 이럴 때 눈치 있게 상대를 조금 배려하면 괜히
사이가 틀어지는 걸 막을 수 있습니다. 이런 점이 인
간관계에서 나름 어려운 부분이기도 합니다.

　　매너와 눈치는 친구 사이뿐만 아니라 모든 인간관

계에서 중요합니다. 가족 사이에도 '선'이 있어서 그 선을 자꾸 넘으면 오래 남는 상처가 생깁니다. 집에서 말과 행동이 너무 심하다고 느낄 때는 서로에게 높임말을 쓰고, 한 번 더 예의를 챙기려는 노력이 필요합니다.

친구 사이는 큰 괴로움을 참으면서까지 붙잡아야 하는 관계가 아니라서 작은 다툼으로도 깨질 가능성이 항상 있습니다. 큰 다툼이 있을 때는 더욱 그렇습니다. 애인 사이는 자존심을 내려놓고 화해하는 일이 어느 정도 가능하지만, 친구 사이는 그런 일이 거의 불가능합니다. 그래서 매너와 눈치로 다툼을 예방하는 것이 중요합니다.

그렇다고 현실에서 다툼이 전혀 없는 관계는 없습니다. 다투고 난 뒤에 화해하는 방법은 뒷부분《연인에서 위기에 강한 연인으로 1, 2》에서 이야기하겠습니다.

매너와 작은 배려를 주고받으며 오래 가는 절친 남녀 사이가 되었다면, 이제 한 단계 더 가까운 '연인'으로 나아갈 차례입니다. 그러려면 무엇을 주고받아야 좋을까요?

👥 8장
절친에서 연인으로 1

　　은우는 요즘 지수를 만날 때마다 예전처럼 편하지
가 않습니다. 장난도 툭툭 치기 어렵고, 가끔은 지수
의 모습이 낯설게 예뻐 보이기도 했습니다. 어느 날
저녁, 두 사람은 함께 카페에서 차를 마시고 있었습
니다.

　　지수야, 그 얘기 들었어? 우리 동아리 서준이
가 해원이한테 고백했대.

　　　　진짜? 두 사람 만난 지 아직 한 달도 안 됐

을 텐데. 갑자기 그렇게 친해졌나?

아니. 아직 그렇게 친한 사이도 아닌데, 서준
이가 그냥 무작정 돌직구 날린 거지.

으이구, 그래서 어떻게 됐어?

해원이가 마음이 안 간다면서 거절했대.

에휴. 은우야, 만약 쌩판 여자가 대뜸 사귀
자고 하면 넌 뭐라고 할 거야?

음… 바로 싫다고 말하기도 쉽지 않고, 그렇
다고 모르는 사람이랑 갑자기 사귀는 건 솔
직히 부담이 많이 되지.

물론 갑작스러운 고백으로 바로 사귀는 사
람도 있긴 한데, 대부분은 그런 상황을 난감
하게 느끼겠지. 해원이도 그랬을 거야.

그럼 서준이가 고백에 실패한 건 얼굴이나
매력 문제가 아니라, 고백하는 방법이 문제
였네.

맞아. 아직 애인이 아닌 남녀가 친하게 지내

면 보통 그냥 친구라고 부르고, 사귀게 되면
남자친구·여자친구라고 부르잖아. 왜 그럴
까?

음… 친구는 사람 대 사람 사이라서 앞에 굳
이 남자, 여자라는 말을 붙일 필요가 없고, 애
인은 남자랑 여자 사이로 사귀는 거라 그런
말이 붙는 거 아닐까? 아니면 여러 친구 중에
서 이성적으로 끌리는 한 사람을 골라 사귀
니까 그런 말이 나온 걸 수도 있고.

나도 완벽한 정답은 모르겠지만, 네 말이 둘
다 맞는 거 같아. 특히 애인을 사귈 땐 친구
에서 발전하는 경우가 많아서, '남자친구·여
자친구'처럼 '친구'라는 말이 남은 거 같기도
해.

모르는 사람들 중 일부가 아는 사람이 되고,
그중 몇몇이 친구가 되고, 그중 단 한 사람이
남친·여친 같은 애인이 되는 거구나. 애인 사
귀는 게 왜 힘든지 알겠다.

뭐, 미팅이나 소개팅으로 바로 애인을 사귀

는 경우도 있지만, 친구에서 애인으로 바뀌
는 경우가 대부분이지.

친구에서 애인으로 바뀌면 뭐가 다른 거야?
내 동기 하나는 친한 여자랑 맨날 투닥거리
며 다니더니, 사귀고 나서는 얌전하게 딱 붙
어 다니더라고. 사람이 그렇게 갑자기 확 바
뀌나?

둘 사이의 분위기가 바뀌고, 서로 팔짱을 끼
거나, 껴안거나, 뽀뽀 같은 스킨십을 하는 건
친구와 애인의 분명한 차이긴 하지.

크흠! 그, 그렇겠지.

뭐야, 왜 혼자 얼굴이 빨개져? 상상했어?

가게가 더워서 그래. 아무튼, 가까운 남녀가
같이 다니면서 손을 안 잡으면 친구, 손을 잡
고 다니면 애인인 거였어. 아주 간단하네.

연인 사이가 엄청 대단하고 복잡한 관계는
아니지만, 그렇다고 그렇게 단순한 사이만
도 아니야. 친구랑 애인 둘 다 서로 친하긴

한데, 그 친한 정도가 어떻게 다르다고 생각 해?

친구는 그냥 친한 거고, 애인은 엄청엄청 많이 친한 거지.

맞는 말이야. 연인은 적당히 가까운 사이가 아니라, 서로 많이 의지하고 걱정해 주고 챙겨 주려는 마음이 친구 때보다 훨씬 큰 사이거든. 손을 잡고 다닐 때도 그냥 설레고 기분 좋은 것만 있는 게 아니라, 서로 든든하고 다정한 느낌이 같이 나야 진짜 연인인 거지. 만약 연인이 설레는 느낌만 있는 남녀 사이라면, 모르는 사람과 갑자기 사귀어도 괜찮겠지? 근데 현실은 그렇지 않잖아. 그래서 서로에게 그런 마음이 생길 때까지 시간을 좀 충분히 들일 필요가 있어.

난 친구도, 애인도 그냥 뚝딱 하고 빨리 생겼으면 좋겠어.

마음은 알겠는데, 서두른다고 될 일이 아니야. 내가 전력 질주한다고 해서 상대방도 똑

같은 속도로 달려오는 건 아니거든.

그래, 나만 욕심내고 서두른다고 되는 일은
아니겠지. 근데 지난번에, 진짜 친구가 되려
면 속마음을 나눠야 한다고 했잖아. 그럼 애
인이 되려면 뭘 나눠야 할까?

바로 답해 주긴 싫고, 네 생각부터 하나만
말해 봐.

음, 같이 좋은 시간 많이 보내는 거. 어때, 맞
지?

맞는 말이긴 한데 살짝 아쉽네. 사람은 아무
리 친해도 항상 즐겁게 지낼 수만은 없어. 누
구나 실수도 하고, 단점도 있잖아. 그런 순간
에도 사이가 쉽게 멀어지지 않아야, 친구에
서 애인으로 이어질 수 있겠지.

큰 단점이 나랑 너무 안 맞으면 안 사귀는 게
맞지만, 작은 단점들은 어느 정도 받아들여
야 사귈 수 있다는 거네.

그렇지. 사소한 실수에도 내가 크게 실망해

버리면 사귀기 어려워. 상대방도 마찬가지
고. 설령 사귀기 시작해도 오래 못 가겠지.

서로에 대해 잘 모른 채 갑자기 사귀면, 상대
단점을 거의 모르고 시작하는 거라 매우 어
렵겠네.

속마음 나누고, 단점을 받아들이는 시간 없
이 그냥 호감만 믿고 급하게 사귀면 꽤 불안
한 커플이 돼. 물론 서로 배려하면서 문제를
하나하나 잘 풀어 가면 달라질 수도 있겠지
만, 난이도가 매우 높다고 봐야지.

마치 유치원생이 초등학교를 건너뛰고 바로
고등학교에 가는 거랑 비슷한 건가.

그렇게 생각할 수도 있겠네.

근데 단점만 이해해 주면 바로 연인이 될 수
있는 거야? 뭔가 더 있을 것 같은데?

연인이 되려면 나만 상대를 간절히 좋아해
서는 안 돼. 상대도 나를 많이 좋아해야 하
거든. 나 혼자 좋다고 해서 사귈 수는 없으

니까. 그래서 상대 마음을 끌어당기는 매력
이 좀 있어야 해.

결국 나만의 매력이 있어야 한다는 거네. 난
특별한 매력 같은 건 없는데… 애인은 아무
나 사귀는 게 아니었구나.

매력이라고 하면 보통 얼굴이 잘생겼다, 돈
이 많다, 머리가 좋다, 예능감이 좋다… 이런
걸 떠올리잖아. 이런 특별한 매력은 누구나
가질 수 있는 게 아니라서 고민이 되는 거고.
거기에다 인간적인 매력이랑 이성적인 매력,
이 두 가지가 다 필요한 것도 문제야.

잠깐, 인간적인 매력이랑 이성적인 매력은
또 뭐야?

남녀는 서로한테 '사람'이기도 하고 '이성'이
기도 하잖아. 마음을 끌려면 성격이나 태도
같은 사람다움도 좀 필요하고, 외모나 분위
기에서 오는 설렘도 어느 정도는 있어야 하
겠지.

그럼 둘 중에 하나만 있으면 어떻게 되는 거

야?

인간적인 매력만 있고 이성적인 매력이 아예 없으면, 연인이 되기보다는 편한 친구로 남기 쉬워. 반대로 설렘만 있고 사람다움이 별로 없다면, 연인이 되어도 금방 헤어지기 쉽고.

지수야, 네 얘기 들으니까 괜히 주눅 든다.

잠깐 우울해졌지? 근데 너무 걱정하지 마. 특별한 매력이 없어도 애인 있는 사람은 진짜 많으니까.

그래도 결국 그런 매력이 있어야 한다는 말이잖아.

내 얘기 하나만 들어 봐. 내 친구 유진이는 친구랑 약속을 정말 잘 지켜. 또 누가 고민을 털어놓으면 진심 어린 눈빛으로 끝까지 들어 줘.

갑자기 네 친구 이야기가 왜 나와?

자, 이 얘기만 듣고도 내 친구 유진이한테 어

떤 느낌이 들어?

누군지는 모르겠지만 착한 사람 같고, 은근
히 끌리는데?

> 바로 그거야. 지금 너는 유진이가 예쁜지, 멋
> 있는지는 하나도 모르는데, 착하다는 것만
> 으로 벌써 매력을 느꼈잖아. 착함은 특별한
> 조건이 없는 사람도 가질 수 있는 좋은 인간
> 적인 매력이야. 그리고 남녀는 상대가 싫지
> 만 않으면 기본적인 이성적 끌림이 있어. 결
> 국 착한 사람은 연인이 될 만한 매력이 충분
> 하다고 볼 수 있어.

방금 인간적인 매력만 있고 이성적인 매력이
아예 없으면, 연인보다는 친구로 남기 쉽다
며? 말이 앞뒤가 안 맞잖아.

> 이성적 매력이 '아예 없는 것'은 상대가 나를
> 돌이나 나무, 혹은 남매 같은 걸로 본다는
> 거야. 점수로 따지면 0점? 가망이 없는 거지.
> 하지만 이성으로서 비호감이 없다면 대단
> 한 매력 점수 100점은 아니더라도 기본 점수

50점은 있다는 거야.

딱히 비호감만 아니면 된다는 거구나. 천만 다행이다. 근데 착하게 사는 것도 그렇게 쉽진 않잖아. 희생, 봉사, 양보… 이런 게 다 필요하잖아.

그건 네가 착함을 너무 거창하게 생각해서 그래. 난 착한 건 그냥 기본 매너 정도라고 봐. 쉽게 말해서, 굳이 선 넘는 짓만 안 해도 대부분 '저 사람 괜찮네, 착하네'라고 느끼거든. 친구로 오래 지내면서도 서로 함부로 대하지 않는 것, 그게 바로 착한 거고 매력이 되는 거야.

그렇다면 친한 남녀가 선 넘지 않고, 작은 상처는 잘 넘기고, 서로 나름 착하게 대해 주면서 지내면 연인이 될 가능성이 꽤 높은 거네?

시간이 꽤 지났다고 해서 저절로 친구나 연인이 되는 건 아니야. 오히려 보통은 가까워질수록, 오래될수록 같이 지내는 게 점점 더 어려워지거든. 세월이 지나면 가족 사이도 친밀할 때보다 서먹할 때가 더 자주 오잖아. 그런 가운데서도 큰 문제 없이 지내는 사이라면, 서로를 감당하고, 챙길 힘도 있고, 끌어당기는 매력도 있어서 연인이 되기에 충분한 거지.

하긴, 생각해 보면 연인이 된다는 게 무슨 거창한 목표를 이루는 일은 아니잖아. 그냥 서로 사랑하고, 같이 있고 싶어서 사귀는 거지. 결국 서로 친하게 지내면서 큰 문제만 없으면 되는 일이었네.

이제 긴장이 조금은 풀렸어?

근데 결혼정보회사처럼 조건을 맞춰서 만나는 경우엔, 조건만으로 바로 연인이 될 수도 있지 않아?

결혼정보회사는 조건으로 '소개'만 해 주는 거고, 그다음에 관계를 만들어 가는 건 결국 본인 몫이야. 직업이나 돈 같은 조건이 좋다고 해서 사이가 저절로 잘 굴러가진 않아. 게다가 서로가 원하는 조건을 맞춘다는 게 사실 엄청 어려워.

그래?

대충 예를 하나 들어 볼게. 어떤 여자가 8명의 남자 중에서 애인을 고른다고 해 보자. 조건을 하나씩 붙일 때마다 남자가 절반씩 줄어든다고 치는 거야. 첫 번째 '자상한 남자' 조건으로 4명만 남고, 두 번째 '돈 많은 남자' 조건으로 2명만 남고, 세 번째 '키 큰 남자' 조건까지 붙이면 1명만 남겠지?

조건 세 개 붙였는데 8명이 1명으로 줄어버렸네. 조건이 네 개면 거의 0이 되네?

현실이 꼭 이렇게 딱딱 떨어지진 않지만, 조건이 늘어날수록 선택할 수 있는 사람이 엄청 줄어드는 건 사실이야. 게다가 그렇게 고른 상대가 나를 선택해 줄 거라는 확실한 보장도 없어. 조건을 따질수록 연애는 미션 임파서블이 되는 거야.

그러니까 친구에서 절친을 거쳐 애인까지 되는 복잡한 과정을 건너뛰고, 결혼정보회사

소개팅으로 애인을 만드는 건 말만 들으면
되게 쉬워 보여. 근데 현실은 생각이랑 한참
다르네.

뭐, 너무 꿈 같은 기대만 하지 말고 조금은
현실적으로 생각하면서 매너 있게 만나면 그
런 만남도 충분히 잘 될 수는 있겠지. 근데
내가 원하는 것만 챙기려고 하면 아무래도
연인이 되긴 어렵겠지.

그 말 들으니까, 지난번에 내가 너한테 빌려
준 2만 원이 갑자기 생각난다?

방금 계산적인 관계는 별로라고 내가 말한
거 같은데…

됐고, 오늘 밥은 네가 사. 난 오늘 2만 원어치
먹을래.

너, 너무 많이 먹으면 건강에 안 좋아. 네가
걱정돼서 이런 말 하는 거 알지? 1만 5천 원
어치만 먹장.

친구는 함께 있으면 즐거운 사이지만, 연인은 즐거움 그 이상이 필요한 사이입니다. 상대의 단점을 억지로 좋아할 필요는 없지만, 기본 상식을 크게 벗어나지 않은 잘못이라면 어느 정도는 이해하고 넘어가 줄 수 있어야 연인 관계로 자라날 수 있습니다. 말투나 작은 행동 같은 사소한 습관 하나하나가 스트레스라면, 그 관계는 연인이 되기 힘든 편입니다.

또한 연인이 되려면 상대를 끌어당기는 매력이 있어야 합니다. 특별한 이성적 매력이 없더라도, 남녀에게는 기본적인 끌림이 있습니다. 거기에 착한 인간적인 매력이 더해진다면 좋은 연인이 되는 데 문제는 없습니다. 다만 여기서 말하는 착함은 무엇이든 다 양보하고 자신을 희생하는 태도가 아니라, 상대에게 함부로 하지 않고 기본적인 매너를 지키려는 태도를 뜻합니다.

포용력과 매력을 주고받는 절친 남녀 사이가 되었다면 사실상 연인이 되기 직전입니다. 이제 확실히 연인이 되려면 무슨 말을 주고받아야 좋을까요?

🫂 9장
절친에서 연인으로 2

    은우와 지수는 벚꽃이 풍성하게 핀 수목원에서 만나기로 했습니다. 약속 시간 10분 전쯤, 은우는 늘 입던 후드티 대신 깔끔한 정장을 차려 입고 나타났습니다. 낯설지만 단정한 은우의 모습에 지수는 가슴이 두근거렸습니다.

    은우, 너 오늘 무슨 면접이라도 봤어?

무슨 면접이야. 너랑 벚꽃 보러 온 건데.

근데 왜 트레이닝복이 아니야? 너무 힘 준
거 같은데.

오늘 벚꽃 배경으로 사진 좀 멋있게 찍으려
고 신경 좀 썼지. 나도 맨날 운동복만 입는
건 아니라고. 나도 생각보다 옷 다양하게 입
을 줄 알아.

차려입으니까 꽤 멋있군.

나도 거울 보고 좀 놀라긴 했어. 흠흠…

내가 또 괜한 말을 했구나. 근데 어제 내 친
구 영희가 요즘 친한 오빠랑 썸 타고 있다면
서 상담을 요청했지 뭐야.

언제부터 연애 상담사가 됐어? 썸 탄다는 건
또 무슨 말인데?

'썸' 몰라? 보통 서로 사귀고 싶지만 아직 애
매한 상태로 지내는 걸 '썸 탄다'고 하잖아.
이 말 우리나라에서만 쓰는 말이야. 얘기 들
어보니까, 영희가 좋아하는 티를 많이 냈는
데, 그 오빠도 영희를 마음에 들어 하는 눈

치였대.

친구도 아니고 애인도 아닌, 딱 그 중간쯤이
네. 걔네 둘이 서로 좋아하는 분위기면 그냥
사귀면 되는 거 아니야?

> 그렇긴 하지. 근데 친구는 같이 어울리다 보
> 면 자기도 모르게 그냥 되는 거지만, 애인은
> 그렇지가 않아. 고백이라는 관문을 보통 한
> 번 거쳐야 해. 고백 없이 애매하게만 지내면,
> 결국 사귀지 못하고 썸만 타다 끝나는 경우
> 가 꽤 있어.

'사귀자'라는 말 없이도 그냥 사귈 수 있는 거
아니야? 그런 말 하는 것도, 듣는 것도 너무
오글거리는 느낌이 들어.

> 고백하지 않는 건, 마치 마트에서 쇼핑카트
> 에 물건을 담고 그대로 둔 채로 밖으로 나가
> 는 꼴이야. 남이 대신 돈 내고 그 물건 가져
> 가도 할 말 없어. 비슷하게 고백 안 한 사람
> 은 상대에게 다른 사람이 다가와 사귀어도
> 뭐라고 하긴 어렵지.

하긴, 썸은 썸일 뿐 엄연히 따지면 솔로잖아.
언제 누가 채가도 할 말이 없겠네. 썸 좀 탄
다고 다 잡은 물고기처럼 생각하면 큰일 나
겠다.

> 내가 찜했다고 해서 무조건 내 거라고 안심
> 하면 안 되겠지.

썸 타는 사이라면 딱히 속마음을 말하지 않
아도 서로 좋아하는 걸 꽤 느끼잖아. 굳이 말
안 해도 괜찮을 거라 생각했어.

> 누군가의 연인이 된다는 건 꽤 큰일이잖아.
> 혼자 하는 일도 아니고 둘이 하는 일이고.
> 당연히 내 맘대로 정할 게 아니라 상대방도
> 좋다고 하는지 확실히 확인하고 같이 시작
> 해야지. 그냥 자기 느낌만 믿고 있다가 나중
> 에 헛다리 짚으면 진짜 당황스러울걸?

근데 남들은 보통 어떻게 고백해? 뭐 정해진
방법 같은 게 있나?

> 일단 절대 해선 안 되는 고백 방법을 알아야
> 해. 카톡 같은 메신저로 툭 고백하거나, 술김

에 갑자기 고백하거나, 거절 못하게 공개적으로 고백하는 일들은 매너가 많이 부족한 태도야. 그리고 정상적인 고백 방법은 보통 고백하기로 마음먹은 사람이 "좋아합니다, 사귀어 주세요" 같은 말을 해. 여기서 "좋아합니다"는 내 속마음을 말하는 거고, "사귀어 주세요"는 우리 사귀자는 부탁이야. 두 가지 말을 같이 하는 게 정석이지.

그냥 "사귀자"라고만 하면 되는 줄 알았는데.

속마음을 말하지 않고 사귀자는 말만 하면, 상대는 이유도 모른 채 부탁만 받는 꼴이잖아. 황당하지 않겠어? 물론 썸 타는 사이니까 짐작이야 하겠지만, 그래도 '널 많이 좋아한다', '더 가까운 사이가 되고 싶다' 같은 진심을 입 밖으로 꺼내서 확인시켜 줘야지. 그렇지 않으면 상대가 장난인지, 되면 좋고 아니면 말고 식으로 간 보는 건지 어찌 알겠어. 내 친구 중에도 정말 황당한 고백을 받은 적이 있대.

도대체 어떤 고백이길래…

크리스마스 때 혼자 있기 싫어서, 아니면 둘
다 솔로니까 적당히 사귀자는 사람도 있다
더라.

그런 사람들도 있구나. 어휴, 그걸 특이하다
고 해야 할지, 철이 없다고 해야 할지. 듣기만
해도 싫다. 그렇게 고백을 쉽게 하는 사람도
있겠지만 대부분은 고백을 어려워하지 않아?
단순히 부끄러워서가 아니라 거절당하고 지
금 사이가 끝날 수 있다는 불안감이 클 거 같
은데.

그런 고민 하는 사람들이 꽤 많은 거 같더라
고. 고백은 정답을 모르면서 운에 맡기고 대
충 찍어 보는 '질문'이 아니야. 이미 정답인
걸 확신하고, 눈앞에서 '확인'하는 일 같은
거야. 불안한 마음이 크다면 아직 고백할 때
가 아닌 걸로 봐야겠지.

그런데 고백할 때 사귀어 달라고 부탁하잖
아. 조금은 심사위원 앞에서 면접 보는 느낌

이 들어.

그건 어쩔 수 없는 거 같아. 면접 느낌이 안 나려면 둘이 동시에 고백하고 동시에 받아 주는 상황이 돼야 하는데, 그건 말이 안 되잖아. 내 마음을 받아줄지 말지가 상대방 손에 달려 있으니까, 그 점 때문에 고백이 부담스러운 건 사실이야.

아무래도 먼저 고백한 사람은 아쉬운 사람, 반대로 고백받는 사람이 유리한 사람 같은데.

네 말처럼 겉으로 보면 고백이 한쪽은 부탁하고, 한쪽은 승낙하는 것처럼 보이지? 하지만 사실은 둘 다 마음을 열고 서로에게 마음을 허락하는 동등한 과정이야. 먼저 고백한 사람은 단지 자기 마음을 먼저 내보이고 상대를 먼저 허락한 용기 있는 사람일 뿐이라고 생각해. 남자가 먼저 여자가 먼저, 이런 것도 굳이 정해 둘 필요가 없는 거고.

그래서 말인데, 나 사실 은우 너 많이 좋아

해. 우리 사귀는 거 어때?

뭐야 이거! 갑자기 이게 무슨 일이야? 게다가
보통 이런 건 남자가 먼저 하는 거라고 생각
했는데?

        확신과 용기가 있으면 아무나 먼저 말하면
        된다고 했잖아. 내가 널 기다리다가 지쳐서
        말이야. 대답해 줄래?

아… 나 오늘 먼저 고백하려고 마음의 준비
를 잔뜩 하고 왔는데!

        오호, 그럼 네 대답을 듣기 전에 그 마음의
        준비를 먼저 들어 볼까?

크흠! 지수야, 나도 널 많이 좋아해. 이제 친
구 그만하고, 우리 연인이 되자.

        알고는 있었지만, 막상 네 입으로 직접 듣니
        까 새롭고 기분이 좋네. 나도 너랑 이렇게 된
        게 참 좋다. 근데 지난번에 산에 놀러 갈 때
        구두는 왜 신고 왔니?

그때 고백하려다 망설이는 바람에 타이밍을

놓쳐 버렸어.

> 후훗, 우리 기념으로 여기서 사진 찍자. 지금
> 이 순간이 딱 기억에 남게. 내 남친과의 첫
> 사진.

나 떨려…

은우는 지나가던 사람에게 사진 촬영을 부탁했습니다. 흩날리는 벚꽃 아래, 두 사람은 서로의 손을 꼭 잡고 활짝 웃었습니다. 나중에 둘 사이가 어떻게 될지는 알 수 없지만, 지금 이 순간과 이 사진만큼은 영원히 좋은 추억으로 남을 것입니다.

고백에는 다른 사람과 사귀지 않겠다는 중요한 약속이 담겨 있습니다. 그래서 친구는 여러 명일 수 있어도, 한때 사귀는 애인은 한 사람이어야만 합니다. 이 약속이 덕분에 연인은 특별한 사이가 될 수 있습니다.

그리고 고백을 거절당한 이유가 외모나 재산, 학벌, 직업 때문이라고만 생각하는 것은 좋지 않습니다. 이 세상에서 부자나 명문대 출신만 연애하는 것이 아니니까요. 내가 아무리 상대를 깊이 좋아해도 인연이 닿지 않을 때는, 그 아쉬운 현실을 받아들이는 태도도 필요합니다. 억지로 연인이 되려고 하면, 오히려 상대가 나를 더 싫어하게 될 수 있습니다.

고백을 주고받으면 연인 사이가 됩니다. 하지만 연인이 되는 일에 '소개팅'이라는 특별한 도움을 받기도 합니다. 이제 소개팅을 계기로 연인이 되려면 무슨 말을 주고받아야 좋을까요?

🫂 10장
소개팅에서 연인으로

난생처음 소개팅에 나가게 된 해원이는 절친 지수
에게 도움을 요청했습니다. 소개팅 경험이 없는 건
지수도 마찬가지였습니다. 잔뜩 긴장해서 무엇을 어
떻게 해야 할지 모르는 친구를 위해, 지수는 남자친
구 은우에게 긴급 SOS를 쳤습니다. 지수와 은우는
카페에서 만나 이 일을 함께 이야기했습니다.

자기야, 예전에 다짜고짜 고백받았던 내 친
구 해원이 있잖아. 걔가 내일 처음으로 소개

팅을 한다면서 어떻게 해야 하냐고 물어보더라. 근데 나도 소개팅을 해 본 적이 없어서 무슨 말을 해 줘야 할지 모르겠어. 혹시 소개팅 많이 해 봤어?

예전에 몇 번 해 봤지.

오, 경험자시네? 그래서 결과는? 사귀기까지 했어?

내 친구는 소개팅으로 잘만 사귀던데, 난 그렇지 못했어. 믿을 만한 사람의 소개로 만난다고 해도, 처음 만난 사람과 자연스럽게 대화하는 게 쉽지 않아. 꾸준히 인사하면서 조금씩 친해지는 과정이 없으니까. 성격이 활발하거나 대화에 능숙한 사람이라면 몰라도.

그런 사람이라면 굳이 소개팅할 필요가 없어 보이는데?

내성적인 사람이나 말이 서툰 사람이 소개팅에 많이 나오긴 해. 근데 꼭 그런 사람들만 나가는 건 아니야. 주변에 이성 친구가 거의 없거나, 사정이 있어 이성을 만날 기회가 좀

처럼 없는 사람도 많아. 성격 좋다고 꼭 애인
을 잘 사귀는 것도 아니고.

어쨌든 해원이한테 소개팅을 좀 쉽게 하는
방법을 알려 줘야 해. 일단 소개팅에서 상대
를 만나면 뭘 해야 해?

실패한 사람의 비결이라도 괜찮다면 알려 주
지. 일단 소개팅은 애인을 찾는 두 남녀가 주
선자의 도움으로 만나는 자리야. 양쪽 다 목
적이 같아서 연인으로 발전할 가능성이 보통
만남에 비해 꽤 높은 편이지. 어떤 자리에서
뭘 해야 할지 모르겠으면, 그 자리에 온 목적
을 떠올려 보면 돼. 예를 들어, 놀이동산에 가
서 뭘 해야 할지 모르면 어떻게 해야 할까?

놀이기구 탈 목적이면 놀이기구를 정해서 찾
아다니면 되고, 사진 찍을 목적이면 좋은 사
진 장소를 찾아다니면 되겠지. 별 생각 없이
놀이동산 가면 어영부영 시간만 가기 쉬우니
까. 소개팅 목적은 상대를 내 애인으로 만드
는 거니까 상대를 유혹할 방법을 찾아야 하

나?

틀린 말은 아니야. 근데 첫 만남부터 상대를
확 사로잡아서 고백하고 사귀는 건 거의 불
가능해. 현실적인 목적을 세워야 해.

하긴, 놀이공원 가서 하루 만에 모든 놀이기
구를 다 탈 수는 없으니까. 소개팅 한 번으
로 아는 사이부터 절친, 애인까지 모든 과정
을 다 할 순 없겠지. 그러면 소개팅의 최종
목적지가 아니라, 일단은 바로 다음 목적지
부터 목표로 삼아야겠네?

응, 소개팅의 다음 단계는 두 번째 데이트야.
우리나라에선 흔히 '애프터'라는 말을 써. 소
개팅 성공은 애프터가 되냐 거절되냐에 달려
있다고 봐야겠지.

놀이기구나 사진 찍는 장소는 사람을 거절
하지 않는데, 소개팅 상대는 거절할 수 있구
나. 이제 보니 놀이기구 굉장히 좋은 거였어.

소개팅은 주선자가 만남을 만들어 주지만,
애프터는 본인들이 직접 다음 만남을 만들어

야 해. 그러려면 양쪽 모두가 소개팅에서 어
느 정도 호감을 느껴야 가능하지. 둘 중 한
명이라도 상대가 마음에 들지 않으면 굳이
또 만날 이유가 없겠지?

첫 만남에서 잠깐 이야기 나누고 양쪽 모두
바로 호감을 얻어야 한다니, 소개팅 꽤 어렵
네. 쉽게 호감을 얻을 만한 좋은 방법이라도
있어?

아무래도 애인을 원해서 스스로 나오는 자리
이니만큼 상대에 대한 기본적인 호감이나 기
대감은 어느 정도 있을 거야. 다시 말해 소개
팅 시작할 땐 어느 정도 호감 점수를 딴 상태
라는 거지.

뭐야, 상대 호감을 얻으려고 온갖 노력을 할
필요 없네. 소개팅, 너무 어렵진 않구나.

그래도 기본 점수에 추가 점수를 얻어야 좋
지.

그럼 점수 딸려면 뭐가 좋아?

남녀 사이는 확실히 이성적인 매력이 효과가
커. 남자가 넓은 어깨와 보기 좋은 팔근육을
보여 준다거나, 낮고 부드러운 목소리로 말
을 한다거나.

　　　　어머!

크흠… 여자가 단정한데 분위기 있는 옷을
입거나, 예쁜 태도로 리액션을 자주 해준다
거나. 그러면 호감 점수가 많이 오르지.

　　　　확실히 그렇겠네.

그래도 소개팅에서 너무 과한 몸매 자랑이
나 옷차림은 역효과야. 너무 가벼운 만남의
자리가 될 수 있고, 시선 관리 때문에 대화가
어려워지기도 하고.

　　　　이성적인 매력 말고 인간적인 매력도 있잖
　　　　아.

착한 매력은 보여 주는 데 시간이 오래 걸리
니 첫 만남엔 어필하기 어려운 편이야.

　　　　근데 남자든 여자든 몸매도 좋고. 목소리도

좋고. 성격도 좋고… 이런 걸 다 마련하려면
소개팅 너무 어려워지는데?

소개팅엔 기본 호감 점수가 있고, 이런저런
매력이 있으면 플러스 점수를 얻어 유리하단
거야. 그런 매력이 없다고 소개팅 망하는 게
아니야.

그럼 혹하는 매력이 없어도 돼?

소개팅은 식당이나 카페에서 밥 먹거나 차
마시면서 간단히 대화하는 게 고작이야. 뭔
가 대단한 걸 보여 줄 필요도 딱히 없고, 그
런 걸 기대하는 것도 별로 좋은 생각은 아니
지. 그저 상대방이 싫어할 만한 인상을 주지
않기만 해도 괜찮아.

네 말은 소개팅하면서 마이너스 점수를 얻지
않는 게 중요하단 거네?

기본 점수가 있고 추가 점수를 따더라도 엉
뚱한 곳에서 마이너스 점수를 팍팍 얻으면
다 소용 없지.

도대체 소개팅에서 무슨 일이 일어나길래 점
수를 팍팍! 잃는다는 거야?

소개팅에 나온 사람들은 대부분 이성을 사귀
는 데 능숙한 편은 아니야. 그래서 추가 점수
는커녕 기본 점수를 까먹는 일이 의외로 많
아. 주로 소개팅 시작부터 점수를 까먹지.

시작부터?

첫인상만 보고 바로 실망하는 사람이나, 자
신의 스타일에 딱 맞는 상대만 원하는 사람
이라면 시작부터 상대 기본 점수가 다 사라
져 버려. 소개팅에선 둘 중 한 명이라도 상대
에 대한 호감이 사라지면 거의 게임 끝이야.

이런… 상대에게 매력을 많이 어필해도 부
족할 판에, 마치 면접관처럼 느긋하게 상대
를 이리저리 평가하는 사람은 소개팅 여러
번 해 봐야 잘 되기 힘들겠네.

그런 사람을 마냥 나쁜 사람으로 볼 필요는
없어. 그저 인간관계에 서투른 정도로 생각
하는 게 좋아. 아무래도 지원자보단 심사위

원이 더 유리하잖아. 별생각 없이 소개팅하
면 자신도 모르게 심사위원 입장에서 상대를
평가하려고 하기 쉬워져. 물론 두 입장 모두
중요하지만 선택받는 일이 더 어렵잖아. 그
러니까 자신을 지원자로 생각하는 마음이 더
필요한 거 같아.

그래, 누구나 이성관계에 대해 자신만의 까
다로운 부분이 있어. 그걸 무작정 나쁘게 볼
순 없지.

그리고 소개팅은 밥 먹고 차 마시고 대화하
는 거랬지? 밥이나 차를 이상하게 먹거나, 상
식에 벗어난 대화를 하는 사람이 꽤 있어.

설마 그럴 리가.

음식 먹을 때 쩝쩝 소리를 많이 내거나, 편식
하거나, 식탁을 지저분하게 만들거나 아니면
대화할 때 상대 재산을 캐묻거나, 야한 농담
을 하거나, 부정적인 말만 쏟아내거나…

갑자기 쉽게 이해가 됐어.

소개팅은 원래 서로 어색한 자리라서 그 자체로 불편해. 거기에 상대의 거슬리는 모습까지 눈에 들어오면 불편함은 훨씬 커지고 서로에 대한 인상만 나빠지기 쉽지. 친구 사이라면 단점을 어느 정도 이해해 주겠지만 서로 모르는 사이는 그게 잘 안 되니까. 결국 심사위원 태도를 갖거나 기본 생활 매너가 부족하면 기본적인 호감을 다 날리고 애프터 없이 끝나는 소개팅이 될 수 있어.

> 네 말을 들으니 이성적인 매력을 잘 갖추면 매우 좋겠지만 깔끔하게 옷 입고, 살짝 웃는 표정 짓고, 무례하게 굴지만 않아도 소개팅 성공 가능성이 꽤 높네.

그래 소개팅에서 값비싼 패션을 갖추고 연예인급 외모를 가진 완벽 남녀를 기대하는 사람은 거의 없어. 그냥 너무 편한 옷차림이나 불만스러운 태도만 아니면 돼. 너무 부담 가질 거 없어. 깔끔한 옷차림이라고 해서 꼭 정장을 입으라는 건 아니야. 티셔츠나 체육복처럼 너무 편한 옷만 피하면 돼. 남자는 단추

가 있는 셔츠나 스웨터를 입는 게 무난하고,
여자는 뭐, 그쪽은 난 잘 몰라.

여자는 밝은색 옷을 입거나, 원피스나 긴치
마 같은 깔끔한 스타일이 무난해. 아니면 조
금 여성미가 느껴지는 옷도 괜찮을 거 같아.

표정은 살짝 웃는 표정이 좋아. 근데 그 표정
짓는 게 생각보다 잘 안 돼. 낯선 소개팅 자
리에선 다들 조금씩 긴장하니까 무뚝뚝하거
나 당황스러운 표정을 짓기 쉬워. 그렇다고
갑자기 억지 웃음을 지으면 그거대로 이상하
고.

학교나 직장에서도 어둡기보단 밝은 인상이
훨씬 낫긴 해. 평소에 살짝 웃는 표정으로 지
내면 생활할 때나 소개팅할 때나 여러모로
좋을 거 같아.

그리고 가장 중요한 게 무례한 태도를 보이
지 않는 건데… 이건 사례가 많아서 일일이
말하긴 어려워. 기본적인 것만 말하자면, 소
개팅 핵심은 대화라서, 서로 대화하는 데 방

해될 만한 일을 하지 않는 게 중요해. 예를 들어, 대화 중에 자꾸 핸드폰을 보면 대화가 당연히 끊기겠지? 첫 만남에 재산이나 정치 같은 민감한 얘기를 꺼내면 대화가 어려워질 거고. 혼자서 말을 너무 많이 하거나 반대로 짧은 대답만 반복하면 대화가 점점 힘들어질 거야.

알겠어. 그럼 소개팅에서 어떤 대화를 하는 게 쉬우면서 좋을까?

'소개'는 모르는 사람끼리 서로 알게 해 주는 거야. 그러니까 자신을 알리는 대화, 상대를 알려고 하는 대화를 하면 돼.

무슨 말인진 대충 알겠는데 감이 잘 안 오네. 좀만 더 자세히 말해줘.

자기 소개를 어떻게 해야 할지, 상대에게 무슨 질문을 해야 할지 잘 떠오르지 않으면, 자기소개서 문서 양식을 떠올려 봐. 의외로 도움이 많이 돼.

이름, 주소, 취미, 특기, 장단점 뭐 이런 거?

너무 딱딱하지 않아?

소개팅에선 말 잘하는 사람끼리 만날 일이
거의 없어. 서로 말을 제대로 이어가지 못하
고 어색하게 있다가 밥만 먹고 끝나는 경우
가 절반은 넘는다더라. 근데 딱딱해 보여도,
그런 사소한 질문이 대화의 물꼬를 트는 데
는 최고야. 하나씩 주고받다 보면 이야깃거
리가 계속 생겨서, 생각보다 훨씬 분위기가
좋아질걸? 최소한 실패한 대화는 피할 수 있
어. 대신 취직 면접 자리는 아니니까 캐묻지
말고 편하게 얘기하면 돼.

> 나 잠깐 소개팅에서 대화 뚝뚝 끊기고 밥만
> 열심히 먹는 해원이가 상상됐어. 방금 들은
> 말은 꼭 해줘야겠네.

근데 이런 일이 일어나는 건 그 사람만의 문
제는 아니야. 첫 만남에서 상대에게 강한 호
감 생기는 경우는 드물기에 딱히 궁금한 것
도 안 떠오르고, 질문을 받아도 제대로 대답
하기가 쉽지 않아. 소개팅 자리 자체가 원래

그러니까.

그래서 대화가 막힐 때는 자기소개서에 나
올 만한 얘기를 꺼내라는 거구나.

소개팅할 땐 주로 외모 정도만 신경 쓰지 대
화 내용까진 미리 준비하기 어렵잖아. 자연
스럽게 이야기하되 말이 막히면 자기소개서
항목을 머릿속에서 참고하란 거야. 그리고
대화할 때 짧게 말하기보단 살짝만 길게 말
하면, 꽤 쓸 만한 대화가 돼. 내 이름으로 한
번 말해 볼까?

보여줘.

제 이름은 은우예요. '은'은하게 빛나는 '우'
리들의 친구…가 아니라, 할아버지가 '은'처
럼 귀하고 '우'수한 사람이 되라고 지어 주셨
대요.

이름은 보통 부모님이 지어 주지 않나요? 특
이하네.

사실 부모님이 이름 짓기 힘들다고 할아버

지께 넘기셨대요. 그래서 할아버지 작품이에
요.

　　　　　　이름을 굉장히 잘 지으신다. 혹시 할아버지
　　　　　　가 너네 아버지 이름도 지어 주셨니? 그 이
　　　　　　름도 뭔지 궁금하다.

아니, 지금 예시를 들고 있는데 막 물으면 어
떡해.

　　　　　　네가 말하니까 갑자기 궁금해졌다고⋯

이름 이야기는 여기까지. 자신의 특기나 취
미를 말하는 것도 호감을 얻는 데 좋아. 예를
들면, "제 취미는 요리요" 하지 말고, "저는
스파게티 만드는 걸 좋아해요. 특히 토마토
치즈 스파게티를 꽤 잘해요" 이런 식으로.

　　　　　　진짜? 그 스파게티 나 언제 먹을 수 있어?

지수야, 예를 든 거잖아. 그리고 나 실제로 요
리 잘 못해.

　　　　　　쳇, 좋다 말았네.

크흠, 어쨌든 단순한 얘기라도 조금만 길게
하니까 대화도 잘 되고 호감도 생기지?

확실히 그렇네. 근데 취미나 특기도 딱히 없
는 사람은 어떻게 해?

자신이 살고 있는 동네 이야기를 해도 좋고,
어릴 적 이야기를 해도 좋아. 착한 매력을 조
금이나마 보여 주는 것도 괜찮고.

소개팅이란 그 짧은 시간에 상대가 착한 사
람인지 어떻게 알아?

물론 짧은 시간에 상대가 정말 착한 사람인
지 다 알 수는 없지. 그래도 기본적인 매너는
자연스럽게 드러나거든. 실수했을 때 솔직하
게 사과하거나, 직원이나 주변 사람들에게
친절하게 대하는 걸 보면 조금은 알 수 있어.

안 착한데 착한 척하면 금방 들통나기 마련
이지. 이제부터라도 평상시에 착하게 살아
야겠네. 그럼 소개팅 마무리는 어떻게 해야
좋아?

상대를 또 만나 이야기하고 싶으면 애프터 신청을 하는 거야. 소개팅이 끝날 무렵이나 헤어진 후에 전화나 문자로 "오늘 소개팅 좋았어요"라고 말하면서 상대도 좋았는지 물어보면 돼. 나만 좋다고 애프터가 성사되는 건 아니니까 너무 호들갑은 떨지 말고. 상대가 거절하면 아쉬워도 거기서 깔끔하게 정리하는 게 맞아. 상대도 좋았다고 하면, 그때 다음 약속을 잡으면 돼.

상대와 애프터를 하고 싶지 않으면?

전화 말고 문자로 '오늘 시간 내 주셔서 감사합니다' 정도만 말하면 돼. 이유를 길게 설명하는 건 오히려 좋지 않아. 반대로 내가 애프터 요청이 없는 문자를 받았다면, 소개팅이 안 된 걸로 봐야겠지.

나는 상대가 마음에 들었는데, 상대는 그렇지 않으면 꽤 슬프겠다.

어디서 보니 소개팅 10번 중 4번 정도만 애프터에 성공한다는 통계가 있었어. 물론 그 통계를 전부 다 믿을 순 없겠지만, 소개팅 성공률이 낮은 건 다들 아는 사실이야. 소개팅

은 원래 만만치 않은 일이니 실패했더라도
너무 자책하지 않는 게 좋아.

　　　　　그나저나 슬슬 네 예전 소개팅 얘기 좀 해
　　　　　볼까? 애프터는 했어?

그때 만났던 사람은 꽤 예뻤거든? 근데 대화
를 거의 안 하고 계속 핸드폰만 보는 거야.
말 걸어도 딴청 부릴 때가 많았고. 기분이 좀
그래서 그냥 대충 마무리하고 나왔지.

　　　　　저런… 그분 혹시 핸드폰으로 주선자한테
　　　　　항의하고 있었던 거 아냐? '이 사람 너무 노
　　　　　잼이야' 하고?

아니거든? 그냥 바쁜 일이 있었겠지!

　　　　　그랬구나. 안 됐다, 크크크크.

　　　소개팅을 할 때는 멋지고 예쁜 사람이 나오기를 바
라기 쉽습니다. 하지만 그런 바람보다는 편하게 이야
기 나누는 정도의 소개팅을 기대하는 게 좋습니다.
기대를 너무 높이면 충분히 괜찮은 사람인데도 얕보

기 쉽고, 그런 상대에게 거절까지 당하면 필요 이상
으로 크게 상처를 받을 수 있습니다.

소개팅에서 어떤 이야기를 나눠도 상관은 없지만,
이왕이면 서로에 대한 기본 정보를 가볍게 주고받는
것이 좋습니다. 상대가 어디에서 어떻게 살고 있는지
같은 이야기를 묻고 대답하는 것이 따분하게 느껴지
면, 소개팅 자리에서 대화를 자연스럽게 이어 가기가
어렵습니다.

소개팅에서 호감을 얻는 일은 평소의 일상생활과
깊은 관련이 있습니다. 평소 식사를 지저분하게 하지
않고, 성의 없이 말하지 않으며, 어두운 표정과 너절
한 차림을 줄이기만 해도 소개팅이든 자연스러운 만
남이든 연인을 만날 가능성이 높아집니다.

애프터가 이루어졌다는 것은 연인이 아니라 절친
이 될 가능성이 한층 높아졌다는 의미로 보는 편이
좋습니다. 일상과 마음속 이야기를 나누고 그 과정에
서 더 친해진 뒤, 고백하는 과정까지 천천히 거쳐 간
다면, 소개팅에서 시작된 만남도 충분히 좋은 연인
사이로 자라날 수 있습니다.

서로에 대한 기본적인 정보를 주고받으며 좋은 소

개팅을 했다면 훗날 고백으로 연인 사이가 될 수 있습니다. 두 사람이 연인이 되었어도 다툼을 항상 피할 수만은 없습니다. 작은 다툼이 반복되면 사이가 계속 멀어지고, 큰 다툼 한 번에 관계가 갑자기 깨질 수도 있습니다. 이런 '위기에 강한 연인'이 되려면 무엇을 주고받아야 좋을까요?

👥 11장
연인에서 위기에 강한 연인으로 1

　　지수는 만나기로 한 극장 앞에서 은우를 기다리고 있었습니다. 약속 시간은 이미 지났고, 은우는 30분이나 늦게 도착했습니다. 최근 들어 은우가 늦을 때가 많아, 지수는 화가 단단히 났습니다.

지수야, 많이 기다렸지? 늦어서 미안해.

　　요즘 약속 때마다 자꾸 늦잖아. 무슨 일 있는 거야? 아니면 나와의 약속은 늦어도 된다고 생각하는 거야?

미안해⋯ 근데 너도 지난번에 한 번 늦었잖
아. 그때 나는 아무 말도 안 했는데⋯

그래서 지금 그걸 핑계라고 대는 거야?

그런 뜻은 아니고⋯ 그때 네가 늦었을 때도
내가 그냥 넘어갔잖아. 그걸 좀 알아줬으면
해서 말한 거야.

그때 나는 사고로 어쩌다 한 번 늦은 거였
고, 너는 요즘 이런 일이 자꾸 반복되잖아.
게다가 나는 너처럼 변명 안 하고 계속 사과
했거든. 상황이 완전 다르지 않아?

두 사람은 서로 기분이 상한 채 잠시 말없이 있었
습니다. 은우는 느긋해서 약속에 조금 늦는 일을 대
수롭지 않게 여겼고, 지수는 꼼꼼해서 누구든 늦으면
제대로 사과해야 한다고 생각했습니다. 은우는 남의
실수는 잘 이해해 주지만 자기 잘못도 쉽게 넘기는
편이었습니다. 지수는 빈틈없이 준비하는 스타일이
라 누구든 허술함이 보이면 금방 실망하곤 했습니다.
은우는 미안하면서도 서운했고, 지수는 화가 나면서

도 괜히 예민한 건 아닐까 걱정됐습니다.

　은우는 지수의 어두운 표정을 보자 자기 기분보다 지수의 마음이 더 신경 쓰였습니다.

지수야, 내가 잘못해 놓고 말까지 잘못했네.
진짜 미안해.

　　저번에도 말했잖아. 시간 딱 맞춰서 도착하려고 하지 말고, 15분이나 20분은 여유 두고 움직여야지. 데이트 약속이든 학교나 직장이든 조금 일찍 도착하는 게 기본 아니야?

오늘도 딱 맞춰 오려다가 차가 막혀 그만 늦어 버렸어. 나 원래 좀 느긋하잖아. 거기다 너라면 좀 늦어도 봐주지 않을까 해서 맘 놓고 있었던 거 같아.

　　사귀다 보면 서로 닮아 갔으면 좋겠는데, 네 느긋함이랑 내 꼼꼼함은 진짜 안 섞이는 물과 기름 같아. 서로 다르단 걸 머리로는 알면서도, 막상 그 차이 때문에 부딪히면 도저히 납득이 안 돼서 너무 답답해.

나도 그래. 성격 차이를 인정한다고 해서 문제가 생길 때마다 아무렇지 않게 넘어갈 순 없겠지. 각각 '손해 보는 부분'이 분명히 있으니까. 난 네 실수를 웬만하면 그냥 넘어가는 편인데, 넌 안 그런 거 같을 때는 괜히 나만 손해 보는 거 같아서 서운했어. 그러다 보니까 나도 모르게 너한테 나처럼 하라고 막 강요하게 됐고. 사실 너도 약속에 늦은 나를 기다리느라 힘들었을 텐데 말야.

요즘 네가 약속 시간마다 자꾸 늦고 난 계속 기다리기만 하다 보니까, 너한테는 늦는 게 아무렇지 않은 일 같고 나한테는 기다리는 게 당연한 일 같은 기분이 들었어. 물론 네가 일부러 날 힘들게 하려고 늦은 게 아니란 걸 알고, 느긋한 네 성격도 알지만, 이게 반복되니까 괴로움이 마음속에서 계속 쌓이더라고. 성격 차이는 그냥 생활 방식이 조금 다른 데서 끝나는 게 아닌 거 같아. '저 사람은 나를 함부로 대한다'는 생각까지 이어지거든. 특히 생활 습관 문제는 반복될 때가 많으니까, 같은 일로 계속 상처를 주고받다 큰 싸움으로 번지는 거 같기도 하고. 성격이 비슷한 사람들끼리 사귀면 이런 다툼이 없으려나?

꼭 그렇진 않을 걸. 둘 다 느긋하면 서로 편하긴 한데, 둘이 같이 늘어져서 무기력한 커플이 될 수 있어. 그러다가 문제라도 생기면 서로에게 책임을 떠넘기다가 크게 다투게 되겠지.

둘 다 급하면 어떻게 돼?

반대로 둘 다 꼼꼼하면 생활은 척척 돌아가겠지만, 서로 예민할 때가 많아 금방 피곤해지는 커플이 될 수도 있겠지. 그러다 문제가 생기면 끝까지 따지다가 싸움이 커지기 쉬울 거고.

성격이 비슷하다고 안 싸우는 건 아니구나.

생활 패턴이나 인생 목표 같은 게 달라도 다툴 일은 생기는 거 같아. 주말에 일찍 만날지, 점심쯤 만날지 서로 다를 때, 한쪽 의견대로

만 계속 가면 다른 한쪽은 계속 무시당한다
고 느끼겠지.

위험해…

그래도 연인이 제일 많이 다투는 이유는, 오
늘 우리처럼 자기 생각을 상대에게 맞춰 달
라고 강요할 때인 것 같아. 친구일 때도 나도
모르게 강요할 때가 있었는데, 연인이 되니
까 그런 일이 더 자주 생기네.

나도 그렇게 생각해. 근데 이런 강요를 무조
건 나쁘게만 보기엔 좀 애매해. 늦지 말라는
거랑 상대 실수를 봐주는 건 둘 사이를 위해
필요한 일이라고 봐.

생각해 보니까 네가 늦지 말라고 했던 말이,
예전에 우리 부모님이 나한테 하시던 말이랑
거의 똑같더라. 단순한 잔소리나 강요가 아
니라 나를 위한 당부이기도 했던 거지.

내 잔소리를 좋게 받아줘서 고마워. 마음 같
아서는 서로 좋게 부탁하고 웃으며 들으면
베스트겠지. 하지만 현실에선 그게 잘 안 되

잖아. 말하는 쪽은 답답해서 날카로워지고, 듣는 쪽은 숨 막히는 강요로 느끼기 십상이니까. 그래서 서로 상처 안 주려면 딱 '상식적인 선'을 지키는 게 중요한 거 같아. 내가 너한테 무턱대고 "30분 일찍 와서 대기해!" 하면 그건 억지겠지만, "10분 정도만 여유 있게 와줘" 하는 건... 그래도 서로 기분 좋게 받아들일 수 있는 '당부'가 되지 않을까?

솔직히 10분도 나한텐 빠듯하긴 한데, 나도 내 습관을 고칠 필요가 있긴 해서 그 정도면 충분히 받아들일 수 있어.

그렇게 생각해 줘서 다행이야. 내 말이 숨 막히는 강요로 들릴까 봐 내심 걱정했거든. 따지고 보면 '상식'도 사람마다 제각각이잖아. 이번 일만 봐도 너랑 내가 생각하는 게 꽤 달랐으니까. 그렇다고 기준을 너무 낮춰버리면 생활이 너무 느슨해질 거 같고, 너무 높이면 부딪히는 일이 너무 많아질 거 같고… 우리한테 딱 맞는 적당한 지점을 찾는 게 참 만만치가 않네.

사람마다 생활이나 행복의 기준이 다르니까,
딱 이게 상식이라고 정해 놓고 살 순 없겠지.
근데 난 사이가 좋아지는 거보다 나빠지지
않는 게 더 중요하고 그게 상식적이라 생각
해. '상대방을 괴롭게 만들지 않는 선'이 괜찮
은 지점이라고 보는 게 어떨까?

맞아, 그 정도면 지나치지도 부족하지도 않
는 딱 좋은 기준 같아. 별일 없을 때는 살짝
일찍 와서, 기다리는 사람이 지치거나 괴롭
지 않게 해야 상식적이야. 반대로 갑자기 급
한 일이 생겨서 늦을 때는 네 말처럼 융통성
있게 넘어가 줘야지. 안 그래도 어쩔 수 없이
헐레벌떡 오느라 힘들었을 텐데, 닦달해서
마음까지 더 괴롭게 만들면 안 되잖아.

오, 그러면 무조건 한 사람 말만 들을 필요가
없어지겠네. 서로 맞춰가기도 훨씬 좋겠다.

부모와 자녀 사이도 마찬가지야. 부모가 자
식에게 바라는 기준이 너무 높으면, 자식이
항상 성에 안 차고 한심해 보일 거야. 자식

또한 부모에게 원하는 게 과하면, 부모님한
테 늘 불만투성이일 테고. 그렇게 서로 실망
만 하다가 사이가 나빠지는 거지. 그렇다고
둘 다 너무 기준 없이 살면, 가족 전체가 무
기력해지거나 엉망이 될 수도 있고.

거기까지 생각하다니… 어쨌든 가까운 사이
일수록 그런 기준 차이로 다툴 일이 많은가
봐.

아무리 좋은 관계여도 싸우지 않고 지내는
건 거의 불가능한 거 같아.

혹시 그런 말 들어봤어? '좋은 일은 물 위에
쓰고, 나쁜 일은 쇠 위에 쓴다.'

음… 물 위에 쓴 글자는 물이 흘러가면서 금
세 사라질 거고, 쇠 위에 쓴 글자는 새겨졌을
테니 오래 남겠지. 아마도 좋은 일은 쉽게 잊
히고 나쁜 일은 잘 안 잊힌다는 뜻 아냐?

오~ 의외로 정답을 바로 찾아 냈네.

응? 의외로? 혹시 '곰은 쓸개 때문에 죽고

사람은 혀 때문에 죽는다'란 말 들어봤어?

모르겠어. 알아도 말 안 할 거야.

사람이 오래 살려면 말 조심을 해야 해…

크흠. 어쨌든 사람 기억력이 참 얄밉다고. 시
간이 지나면 좋은 일이든 나쁜 일이든 점점
잊혀지지만, 나쁜 기억은 훨씬 더 오래 남으
니까. 오래전에 겪었던 싫은 일을 간간이 떠
올리는 경험, 누구나 있잖아? 반대로 좋은 일
은 잘 안 떠오르고. 기억이 물건처럼 차곡차
곡 쌓이는 건 아니겠지만, 안 좋은 기억이 좋
은 기억보다 훨씬 잘 쌓여서 그런 거 같아.

소문도 좋은 소문보다 나쁜 소문이 더 잘 퍼
지는 거랑 비슷하네.

어떤 결혼정보회사에서 조사했는데, 연인에
서 이별로 이어지는 커플이 대략 70~90%
정도래. 평균적으로 대략 커플 10쌍 중 8쌍
은 이별해. 그 안에는 서로에 대한 나쁜 기억
을 계속 쌓다가 결국 헤어진 연인들이 꽤 많
을 거야.

친구나 연인 사이는 나빠지지만 않아도 꽤
잘 지내는 거긴 해.

연인 사이가 몇 번 다퉜다고 바로 끝나 버리
는 가벼운 관계는 아니잖아. 쉽게 안 무너지
는 사이라 조금 밀어낸다고 해서 바로 멀찍
이 떨어지진 않고, 잠깐 거리가 생겼다가도
다시 끌어당기면 금세 붙을 때가 많지. 사람
들이 말하는 연인의 '밀당'이 그런 거잖아. 근
데 다툼이 많아지면서 상처가 계속 쌓이면,
나쁜 기억으로 가득 찬 위태로운 사이가 돼
버려. 그땐 정말 조금만 밀어도 상대가 다시
는 돌아오지 않을 수 있어. 그게 이별이지.

냉장고에 붙이는 자석도 계속 충격을 주면
고장 난데.

대단히 큰 이유 때문에 연인이 헤어지는 게
사실이지만, 별것 아닌 이유로 이별하는 연
인도 굉장히 많잖아. 그런 연인들은 작은 상
처들이 쌓이고 쌓여서 사이가 망가진 걸 미
처 눈치 채지 못한 거야. 나중에 겨우 그런

일 하나 때문에 헤어졌다고 오해하기도 하
고.

영혼 싸우면서 생기는 상처를 줄일 수 있는
좋은 방법 없을까?

다투고 생긴 마음의 상처는 시간이 지나면
조금 옅어지긴 해도, 완전히 사라지진 않아.
쓰레기통은 가득 차면 비우면 되지만, 사람
마음은 그렇게 쉽게 비울 수 없으니까. 결국
마음에 들어오는 상처를 최대한 작게 만드는
게 중요하다고 봐. 그러려면 '감정싸움'을 '사
랑싸움'으로 바꾸는 연습을 해야 해.

그건 또 뭐야…

누가 잘못했든 결국 기분이 나빠서 싸우는
거잖아. 상대가 조금만 잘못해도 내 감정이
많이 상하면 싸울 수 있고, 반대로 상대가 많
이 잘못해도 내가 괜찮으면 그냥 넘어갈 수
도 있어. 이렇게 내 감정이 앞서서 요란하게
싸우는 걸 '감정싸움'이라고 부를 수 있어.

그러면 사랑싸움은 뭐야?

말 그대로 '사랑' 때문에 하는 싸움이야.

     사랑 때문에도 싸울 수가 있어?

있지. 예를 들어 어떤 남자가 좋아하는 여자에게 좋은 선물을 주려고 위험한 일을 하려고 했어. 그걸 본 여자가 "위험하니까 그만둬" 하고 말렸지. 둘 다 서로를 위해 자기 말이 맞다고 고집을 부리다가 싸우게 됐어. 결국에는 여자 말대로 위험한 일은 안 하게 됐지. 이렇게 서로를 아끼고 걱정하는 마음 때문에 생기는 다툼을 '사랑싸움'이라고 할 수 있어.

     서로를 걱정하다가 다투는 건 연인 사이에서 자주 있는 일이긴 해.

싸움이 나면 처음에는 기분이 상해서 감정싸움이 시작돼. 그러면 둘 사이도 같이 멀어지지. 물론 화해만 잘하면 다시 좋아질 수 있지만, 솔직히 마음이 상한 상태에서는 화해하기가 쉽지 않잖아.

     당연하지. 화해가 쉬운 사람이 어디 있겠어?

게다가 보통 '먼저 사과하면 진다'고 하면서
자존심 싸움을 할 때도 많아.

어찌 되었든 화해하려면 둘 중 한 명이 먼저
다가가야 해. 그게 아니라면 '하나, 둘, 셋!'
맞춰서 동시에 손을 내밀어야 하는데 그럴
수는 없으니까.

음… 화해의 핵심은 두 사람 중 한 사람이
상대에게 먼저 한 걸음 나가는 거구나. 고백
할 때랑 좀 비슷하네. 근데 누군가 꼭 먼저
다가가지 않아도, 시간이 지나면서 자연스럽
게 기분이 풀릴 때도 있잖아?

현실에서는 그런 식으로 싸움이 풀리는 때가
훨씬 많지. 그런데 잘 생각해 보면, 그때도 누
군가 먼저 다가간 순간이 꼭 있었을 거야. 예
를 들어, 싸운 다음 날에 '오늘 점심 뭐 먹었
어?' 하고 가볍게 문자 보내서 자연스럽게 화
해하는 거 말이야. 겉으로 보기엔 시간이 해
결해 준 것 같지만, 사실은 그 짧은 한 줄이
먼저 손 내민 순간이야. 너무 작은 일이라 서

로 기억을 못 할 뿐이지.

우리 아빠도 엄마랑 싸우고 나면 퇴근길에
꼭 과일이나 먹을 걸 사 오시거든. 말 없이
식탁에 올려 두고 가면, 엄마는 어느새 그걸
드시고 있었지. 근데 아빠가 평소에도 무언
가 사 오실 때가 자주 있어서, 싸우고 나서
먼저 손 내민 건지 모를 때도 많아.

그럼 잘못한 사람이 먼저 나서는 게 중요하
겠네?

보통은 그렇게 생각하지. 근데 연인은 조금
달라. 특별한 사이고 서로 기대는 마음이 크
다 보니까, 내가 잘못을 많이 했어도 상대가
먼저 다가와 주길 바랄 때도 있어. 반대로 상
대 잘못이 더 커도, 내가 괜찮다고 느끼거나
상대가 더 걱정되면 내가 먼저 다가가기도
하고.

결국 연인 사이에서는 상대를 더 걱정하고
사랑하는 쪽이 먼저 손 내밀 때가 많겠네.

응. 먼저 다가가는 건 누가 더 많이 잘못해

서라기보다, 누가 더 많이 사랑해서 그런 경우가 많아. 내 기분보다 상대 마음이 더 신경 쓰이니까, 먼저 움직이는 거지. 싸우고 나서 누가 상대를 더 걱정하고 사랑하는지 조용히 겨루는 게, 어떻게 보면 '사랑싸움'인 셈이야.

그러니까 다툼의 시작은 감정싸움이지만, 그 마무리는 사랑싸움으로 하라는 거네.

그렇지. 감정싸움으로만 시작해서 끝나면 나쁜 기억이 있는 그대로 쌓일 거야. 그런데 그걸 사랑싸움으로 바꾸면 그 나쁜 기억이 훨씬 작아지겠지. 마음의 상처가 작다면 사랑으로 충분히 감당할 수 있고, 무엇보다 상처가 쌓여도 예전보다 훨씬 괴롭지 않을 거야.

오호.

화해가 잘 됐든 안 됐든, 1라운드 감정싸움에서 이긴 사람은 더 많이 화낸 사람이겠지만, 2라운드 사랑싸움에서 이긴 사람은 먼저 다가간 사람이야. 다툼은 시작보다 마무리가 훨씬 더 중요한 거 알지? 사랑싸움에서 이긴

사람이 두 사람 사이에서 더 중요한 사람이
라 볼 수 있어.

그렇다면 '진 사람'은 어떻게 해야 해? 벌칙
이라도 받아야 해?

벌칙까지는 아니지만, 진 사람이 해야 할 몫
은 있어. 상대가 먼저 손을 내밀었는데 그걸
당연하게 생각하면, 괜히 내가 상대보다 위
에 있다고 착각하게 되거든. 사실은 상대의
사랑이 내 것보다 더 크다는 걸 꼭 알아 줘야
해.

한 사람이 먼저 잘못했거나, 상대보다 잘못
이 더 컸다면 당연히 그 사람이 먼저 다가가
는 게 상식이고 그게 맞아. 근데 더 많이 사
랑한 사람이 먼저 다가가는 것도 좋구나. 아
니, 누가 됐든 다투고 나서 먼저 다가가는
사람이 있으면 그 자체가 좋은 거구나. 그게
정말 좋은 거야.

엄청 큰 문제는 사랑싸움으로 다루기 어려
워. 대신 사소한 일로 싸울 땐 사랑싸움으로

마무리하면 정말 좋아. 무엇보다 상대가 먼저 다가와 줄 땐, 그 안에 담긴 마음을 꼭 알아봐 줘야 해. 그렇지 않으면 문제가 있을 때마다 상대가 먼저 다가오기만을 기다리게 되겠지. 그런 사람은 사랑싸움에서 항상 지는 사람이 돼. 그러면 연인 사이가 점점 '서로 사랑'에서 '짝사랑'으로 바뀌어.

연인은 서로 사랑해야 해. 짝사랑으론 절대 오래 갈 수 없을 걸. 그리고 보니까, 오늘 우리 싸우고 먼저 다가온 것도 너였네. 여지껏 나 들으라고 한 얘기였지, 이거?

뭐, 오늘은 내가 이긴 걸로 할까? 어서 패배를 인정하시지?

다음엔 내가 이길 거야!

친구나 연인 사이의 다툼 문제는 매너로 피하거나 포용력으로 적당히 넘길 수 있지만, 항상 그럴 수는 없습니다. 결국 다툼 문제를 직접 해결해 나가야만 합니다. 특히 사소한 다툼일수록 제때 화해하는 것만으로도, 두 사람 사이에 금이 가는 것을 잘 막을 수 있습니다. 그러기 위해서는 누군가 먼저 손을 내밀어야 하고, 또 누군가는 그 마음을 알아줘야 합니다.

먼저 손을 내미는 것은 자존심이 없어서가 아닙니다. 그만큼 더 깊이 사랑하기 때문입니다. 더 많이 사랑하는 것은 손해 보는 장사가 아니라, 둘 사이를 굳건히 지켜 주는 힘입니다. 그러니 내민 손을 잡는 사람은 그 마음에 고마워해야 합니다. 내 자존심 챙기느라 먼저 다가가지 못한 미숙함을, 미안해할 줄도 알아야 합니다.

연애는 짝사랑이 아닌, 서로의 마음이 오가는 길입니다. 그 마음이 비록 눈에 보이지 않아도 끊임없이 서로 살피고 느껴야 합니다. 특별히 사랑싸움은 그런 일을 직접 확인하는 좋은 방법이 됩니다. 이렇게 잘 싸우고 잘 화해하는 법을 익혀두면, 연인은 물론이고 가족이나 친구 사이에서도 훨씬 더 좋은 관계를 맺을 수 있을 것입니다.

그리고 내 주변을 정돈하고, 씻고 입고 먹는 '기본적인 생활 습관'은 서로 노력해서 맞춰갈 문제가 아닙니다. 그건 누군가와 함께 살아가기 위해 이미 갖춰져 있어야 할, 인간관계의 기초적인 바탕이기 때문입니다.

미안함과 고마움을 주고받으며 작은 다툼을 풀었다고 해도, 큰 다툼은 사랑싸움으로 해결하지 못합니다. 이제 큰 다툼을 감당하는 '위기에 강한 연인'이 되려면 무엇을 주고받아야 좋을까요?

👥 12장
연인에서 위기에 강한 연인으로 2

　　은우와 지수가 다정하게 길을 걷고 있을 때였습니다. 지수는 맞은편에서 걸어오던 고등학교 동창, 민규를 발견했습니다. 지수는 저도 모르게 은우의 손을 놓고 서둘러 달려갔습니다.

　　어머어머, 민규야? 나 지금 꿈인 줄 알았어. 와, 너 왜 이렇게 멀쩡하게 그대로야? 그동안 잘 지냈어?

　　어? 지수? 와, 이게 몇 년 만이야. 나야 잘 지

*났지. 너야말로 더 예뻐졌네. 그런데 옆에 있
는 분은 누구셔?*

아… 어… 그냥, 그냥 아는 사람이야. 그보
다 너 요즘 뭐 하고 지내? 여전히 농구 좋아
해?

……

*난 여전하지. 예전에 너랑 같이 농구부에서
활동하던 게 엊그제 같은데. 그 땐 정말 우리
재밌게 지냈었는데. 추억이 새록새록 떠오른
다.*

에이, 또 괜히 그런 말한다. 그래도 듣기 좋
네. 히히.

*아쉽긴 한데 나 지금 약속이 있어서 가봐야
해. 조만간 동창회 한다니까 그때 보자.*

응, 연락 오면 꼭 갈게. 그날은 웬만해선 일
정 비워놓을 테니까, 조심히 가~

민규가 멀어지자, 지수는 다시 은우에게 다가왔습니다. 하지만 은우의 표정은 차갑게 굳어 있었습니다.

방금 되게 기분 좋아 보이더라. 그 행복한 자리에서 난 겨우 '아는 사람'이었어?

아… 미안해. 나도 모르게 말이 그렇게 나왔어.

나 같은 사람이 남자친구라 부끄러워서 그런 거야? 아니면… 아직도 저 사람을 좋아해서 그런 거야?

……

아무 말 안 할 거야?

사실 고등학교 때 민규를 좋아했어. 사귄 건 아니고… 갑자기 걔 얼굴을 보니까 그냥 그 기억이 떠오르더라고. 당황해서 순간적으로 너를 남자친구라고 말을 못 했어.

아, 네가 당황하지 않을 땐 나는 남자친구가

되고, 당황할 땐 아는 사람이 되는 구나. 이건
그냥 적당히 넘길 일이 아니야. 지금은 솔직
히 네가 나를 아니 우리 사이를 진심으로 어
떻게 생각하는지 모르겠어. 오늘은 나 그냥
집에 갈게.

이 일은 사랑싸움으로 넘길 만한 문제가 아니었습
니다. 그날 은우는 지수와의 약속을 취소하고 곧장
집으로 돌아갔습니다. 둘은 며칠 동안 연락을 거의
하지 않았습니다. 며칠 뒤, 두 사람은 무거운 공기 속
에서 공원 벤치에 나란히 앉았습니다.

아직도 그 사람 좋아하는 거야? 그렇다면 그
사람한테 가도 돼. 대신 우리 사이는 정리하
고 가.

아니야. 맹세코 너랑 사귀면서 다른 사람 마
음에 둔 적 없어. 그날은 진짜 말이 헛나온
거야. 널 부끄럽게 생각한 적도 없고, 민규랑
잘해 볼 마음은 더더욱 없어.

그래? 그런데 그때 너는 망설이지도 않고 나를 그냥 '아는 사람'이라고 했잖아.

나도 억울해. 실수로 말 한마디 잘못했다고 헤어지자는 말까지 들어야 해? 내가 바람을 피운 것도 아니잖아.

네 말을 듣고 있으면 진짜 미안해하는 거 같지가 않네. '미안하다'는 말은 쏙 빼놓고 억울하다는 말만 하잖아. 내가 이런 문제까지 다 이해해 줘야 한다고 생각하는 거야?

나 울 거야.

네가 운다고 해서 지금 이 일을 적당히 넘어갈 순 없어. 사람은 자기 잘못이 분명해도 사과하기가 쉽지 않다는 건 알아. 그래서 네가 변명하고 이 상황을 피하려는 것도 알겠어

나 울 거라고.

하지만 이 일은 네가 제대로 사과하지 않으면 나도 넘어갈 수가 없어. 나도 자존심이 있고 상처를 크게 받았으니까. 사과도 제대로

안 했는데 내가 먼저 괜찮다고 용서할 순 없
잖아?

> 사과가 어렵단 말이야… 특히 이번처럼 큰
> 잘못을 했을 땐, 네가 용서 안 해 줄까 무섭
> 고, 네가 화가 나 있어서 말 꺼내기도 어렵
> 고, 너무 미안해서 나도 모르게 자꾸 딴 소
> 리만 나와.

사람이 어려운 일은 못할 수도 있어. 근데 사
과만큼은 어려워도 네가 직접 해야 해. 이건
대신해 줄 수 있는 게 아니거든?

> 나 울거야.

운다는 말만 계속 하지 말아 줄래? 만약에 네
친구 준호가 네 핸드폰을 망가뜨렸다고 해
보자. 준호가 아니라 준호 엄마가 와서 사과
하면 그냥 용서해 줄거야?

> 아니, 그런 상황에서 준호 엄마가 사과하는
> 건 싫어. 준호가 직접 나한테 사과해야지.

그래. 사과는 부담돼도 잘못한 사람이 직접

해야만 해. 심부름 서비스 보면 이것저것 다
해 주지만, '사과해 주기'는 없잖아.

근데… 나, 나름 너에게 사과하긴 했어.

네가 했던 말을 떠올려 봐. "내 말이 헛나왔
어", "나 억울해", "나 울 거야" 이걸 사과라
고 볼 순 없어. 다 네 이야기뿐이라고.

듣고 보니, 진짜 변명처럼 들리네. 그래도 그
안에 사과하는 마음이 조금은 있었던 걸로
봐주면 안 돼?

네가 사과하는 걸 많이 어렵게 느끼는 거 같
네. 사실, 사과가 쉬운 일은 아니지만 굉장히
복잡한 일은 또 아니야. 일단 딱 한 가지만
기억하면 돼.

뭔데?

내 입장이 아니라 상대 입장에서 생각하고
말하면 최소한 중간 이상의 사과는 할 수 있
어. 사과할 때 말의 시작을 '내가'가 아니라
'네가'로 바꾸기만 하면 되는 거야. 자! 다시

해 봐.

그럼… "네 마음이 많이 아팠겠다". "네가
받은 상처를 풀 수 있도록, 네가 갖고 싶다던
전기면도기를 사 줄게". 뭐, 이렇게?

그래, 말의 시작만 바꾸니까 제대로 된 사과
가 바로 되잖아. 생각보다 할 만하지? 그리고
사과할 땐 말만 하지 말고, 방금처럼 돈이나
선물을 함께 준비해서 정성을 들여야 해. 너
무 가볍게 사과하면 비슷한 실수를 다시 하
기도 쉽고, 상대도 진심으로 느끼기 어렵거
든.

알겠어…

그리고 말이야. 자기 잘못 때문에 모르는 사
람한테 전기면도기를 사 준다고 생각하면 많
이 아까울거야. 근데 애인한테 사 주는 건 그
렇게 아깝진 않잖아?

아까워…

크흠, 어쨌든 네가 진심으로 사과했으니까

이제는 내 차례겠지. 만약 건성으로 말만 하
는 사과였으면 아마 용서하기 쉽지 않았을
거야. 그때 받은 충격이 지금도 남아 있으니
까.

만약 용서 받지 못하면 난 어떻게 해야 해?

시간이 좀 지난 뒤에 다시 사과해야지. 한 번
사과했다고 상대가 무조건 받아주는 법이란
없으니까. 그리고 상대가 정식으로 정성을
들여 사과할 때는 웬만하면 용서해 주는 게
좋아. 둘 다 그 괴로운 상황에서 빨리 벗어나
는 게 좋으니까. 자! 우리 둘을 위해 네 잘못
을 용서할게.

근데 이거, 연인 사이의 화해라기보다 선생
님이 학생을 가르치는 느낌이야. 왜 이러지?
기분 탓인가?

나 아직 화 다 안 풀렸거든? 그리고 난 B회사
제품 좋아하니까 그건 꼭 잊지 말고.

알겠어…

참고로 말인데, 내 친구 한 명이 '민규'라는
사람을 안다고 해서 물어봤거든? 민규, 걔 애
인 있다더라.

뭐라고? 그걸 알면서 나한테 "민규한테 가
도 돼" 이런 말을 한 거야?

네가 잘생긴 남자만 보면 정신을 못차리잖
아. 네 진짜 마음이 어디 있는지 확인해 보고
싶었다고. 그리고 만약에 나 버리고 다른 사
람에게 가서 행복해지는 거? 나 절대 못 봐.
나 그렇게 쿨한 사람 아니야, 질척거리는 사
람이라고.

하아… 화해했는데 왜 자꾸 화가 나지?

혹시 전기면도기 대신 스마트폰으로 바꿀 수
있을까?

아잇!

두 사람이 괜찮게 화해했지만, 사실 은우는 그날 집에서 많이 울었답니다. 지수도 그날 자신을 바보처럼 여기며 많이 울었습니다.

친구나 연인 사이에서 사소한 다툼은 적당히 넘어가거나 사랑으로 감싸줄 수 있습니다. 하지만 큰 잘못으로 인한 다툼은 사과와 용서가 제대로 오가야만 합니다. 그렇지 않으면 허무하게 그대로 사이가 깨질 수 있습니다.

사과와 용서, 사람 사이에서 어렵지만 꼭 필요한 일입니다. 사소한 실수부터 솔직하게 인정하고 사과하는 연습을 꾸준히 해야 합니다. 상대 또한 완벽하지 않은 사람임을 알고, 용서하는 일도 배워 나가야 합니다. 진정한 사과와 용서는 큰 다툼으로 헤어질뻔한 상황에서 오히려 두 사람 사이를 전보다 훨씬 가깝게 만들어 주기도 합니다.

다만, 상대와 다른 사람을 동시에 사귀는 일, 상대에게 큰돈을 잃게 만드는 일, 아주 심한 거짓말이나 폭력 같은 치명적인 잘못은 사과해도 용서받기 어렵다는 것을 알아 두어야 합니다. 만약 그런 잘못을 용서받았다면 그 기회를 마지막이라고 생각해야 합니다.

사랑과 화해를 주고받으며 위기에 강한 연인이 되었어도, 연인은 이별과 결혼의 갈림길에 서게 됩니다. 만약 이별을 선택한다면 무엇을 주고받아야 할까요?

八¿ 13장
연인에서 이별로

　　화창한 주말 오후, 은우와 지수는 호숫가를 거닐고
있었습니다. 지수는 친구 은지가 애인과 헤어졌다는
소식을 전화로 들었습니다. 싸우는 모습 한 번 본 적
없을 만큼 늘 다정했던 두 사람이기에, 지수는 이 사
실이 도무지 믿기지 않았습니다.

　　자기야, 은지가 애인이랑 헤어졌대.

걔네가? 완전히 헤어진 거야? 도대체 무슨

일이 있었길래?

나보다 더 놀란 거 같네. 나도 자세한 건 몰라. 두 사람은 4년 친구였다가 연인이 된 사이라, 웬만하면 헤어지지 않을 줄 알았거든. 근데 한순간에 헤어지는구나.

확실히 사귀는 것보다 이별하는 게 훨씬 빠르고 간단하긴 해. 사귈 때는 서로 알고, 친해지고, 고백하고… 복잡하잖아. 근데 헤어질 때는 그냥 "그만하자" 한마디면 끝이니까.

사귀는 건 마음이 같이 가까워지고, 상대 허락도 있어야 가능하잖아. 근데 이별은 한쪽 마음만 멀어지면 그만이야. 허락도 필요 없어. 너무 차이가 많이 나. 그래도 헤어질 쯤엔 "우리 헤어질까?"라고 미리 한 번쯤 물어보는 건 괜찮지 않을까? 아니면 왜 헤어지는지 이유라도 설명해 주거나.

못할 일은 아니지만, 그렇게 묻고 대답할 일도 아니지. 이별 예고를 하면 남은 기간 스트레스만 더 많이 받을 거고, 이별하는 이유를 하나하나 말하다 보면 감정만 더 상할걸?

> 서로 이별에 찬성하면서 깔끔하게 헤어지거
> 나, 아쉬움을 나누면서 예쁘게 헤어지는 장
> 면을 나름 상상해 봤는데, 다 부질없네. 그
> 런 이별은 소설 속에서나 가능한가 봐. 현실
> 은 갑작스러운 이별 통보, 그리고 충격받는
> 사람, 뭐 이런 거뿐이겠지.

커플 대부분은 '더 이상 너랑 있기 싫다'는 이
유로 이별해. 그런 이유를 아무리 좋게 포장
해 봤자 근사해 보이기는 불가능하지. 이별
을 말하는 사람도, 듣는 사람도 다 괴로울 뿐
이야.

> 근데 연인 사이는 정말 이별 아니면 결혼, 두
> 가지로만 끝나는 걸까? 그냥 영원히 연인으
> 로만 지낼 순 없나?

영화나 소설에선 두 사람이 늙을 때까지 연
인으로 남을 수 있겠지. 근데 현실에선 거의
불가능하다고 봐야 할걸?

> 왜? 마음 단단히 먹고 지키면 되는 거 아냐?

결혼 없이 연애만 쭉 하자는 거, '우리 평생
같이 가자'면서 동시에 '서로 옭아매지는 말
자'는 뜻이잖아. 근데 같이 있고 싶은 마음이
랑 자유롭고 싶은 마음은 서로 반대라서 결
국 부딪칠 수밖에 없어. 자칫하면 '난 내 맘대
로 살 테니까 넌 나만 바라봐' 같은 이기적인
욕심이 될 수도 있거든.

> 연인은 결국 끝이 정해져 있구나. 연애는 시
> 작도 쉽지 않은데, 끝도 쉽지 않네.

지난번에 연인 중 10~30% 정도만 결혼까지
간다는 말이 있었잖아. 대부분의 연애는 이
별로 끝나. 내 주변만 봐도 첫사랑이랑 결혼
한 사람은 거의 없어.

> 하긴, 다들 몇 번의 이별을 겪고 결혼한 경우
> 가 많더라.

물론 처음부터 결혼이나 이별을 미리 정해
두고 사귀는 건 좋지 않겠지. 그래도 연애
가 영원할 수만은 없단 사실을 알고는 있어
야 할 거 같아. 사람들은 주로 연애의 핑크빛

만 보려고 하니까 전혀 생각지 못한 이별이
닥치면 세상이 와르르 무너져 내리는 기분을
느끼는 거지.

근데 커플 대부분은 왜 헤어질까?

보통은 싸우고 화해하며 잘 지내다가도, 어
느 순간 절대 안 풀리는 문제에 막히면 끝이
나더라. 결혼 문제로 갈라서는 경우도 많고.
의외로 일이나 개인적인 사정 때문에 헤어지
는 일은 별로 없더라고. 결국 핵심은 그거야.
나 혼자 고집 부리고 붙잡는다고 해서 이별
을 피할 순 없다는 거지. 한 사람이 사랑싸움
으로 극복해 보려고 아무리 애써 봐도, 상대
가 놓아버리면 어쩔 수 없는 거니까. 마음이
떠난 사람한테, 혹은 결혼 생각 없는 사람한
테 강요할 순 없잖아.

그래. 만약 이별 통보를 받은 입장이라면, 처
음엔 충격이 크고 현실을 거부하고 싶겠지만
결국엔 받아들여야 해. 이미 끝난 관계를 억
지로 붙잡으면 그건 집착이 되고, 심하면 뉴

스에 나오는 큰 문제로 번질 수도 있거든. 반
대로, 헤어짐을 고민하는 입장에서도 마찬
가지야. 이미 돌이킬 수 없는 관계가 되었다
고 판단되면, 나중에 외로울까 봐 질질 끌지
말고 이별을 결정하는 결단력이 꼭 필요한
거야.

우리 사이는 앞으로 어떻게 될까?

글쎄… 아마 헤어지지 않을까?

나 울 거야.

그럼 아마 결혼하지 않을까?

나 울 거야!

???

나 울고 싶으니까 중국집 가서 '울면' 먹자.
내가 슬프니까 네가 사.

중국집 가서 밥 먹자는 말을 꼭 그렇게 해야
겠어?

울면은 우동과 비슷하지만 녹말이 들어가서

걸쭉해. 뜨끈한 울면 국물을 먹으면 기분도
좋아져.

그, 그만. 알았어. 울면 먹으러 가자고.

　　연인 사이에서 더 많이 사랑받는 쪽이나, 상대를
쉽게 다루는 쪽이 관계의 주도권을 쥐었다고 생각하
기 쉽습니다. 하지만 진짜 중요한 주도권은, 더 진심
을 쏟고 더 예의를 지킨 사람에게 있습니다. 이런 사
실은 사귈 때보다 이별할 때 확실하게 드러납니다.

　　서로의 상처가 너무 커 이별 직전이라면, 잠시 시
간을 두고 떨어져 지내는 것도 한 방법입니다. 정한
때에, 둘 다 다시 시작하고 싶은 마음이 들면 관계를
이어 가고, 한 사람이라도 그렇지 않다면 그 관계는
이제 그만 정리하는 것이 맞습니다.

　　이별은 누구에게나 일어날 수 있습니다. 중요한 것
은 이별할 때 내가 주로 상처를 받은 쪽이었는지, 아
니면 상처를 준 쪽이었는지를 돌아보는 일입니다. 상
처받은 경험이 많았다면, 아무리 노력해도 안 되는
관계도 있다는 사실을 인정하고, 새로운 만남을 차분

히 준비해야 합니다. 반대로 내가 상처 준 일이 많았다면, 그 잘못을 잊지 말고 미안한 마음으로 이후의 모든 관계를 더 조심스럽게 대하며 살아가야 할 것입니다.

풀리지 않는 다툼과 결혼에 대한 엇갈린 생각을 주고받으면 위기에 강한 연인도 이별하게 됩니다. 그런데 연인은 이별과 결혼의 큰 갈림길에서 결혼을 선택할 수도 있습니다. 그러려면 무엇을 주고받아야 좋을까요?

14장
연인에서 결혼으로

은우와 지수는 친구 유진의 결혼식에 참석했습니다. 행복해하는 신랑 신부를 보며 두 사람은 묘한 기분에 잠겼습니다. 결혼식이 끝난 뒤, 두 사람은 근처 공원을 걸으며 결혼에 대해 이야기를 나눴습니다.

자기야, 결혼은 꼭 해야 한다고 생각해? 아니면 안 해도 그만이라고 생각해?

글쎄... 안 한다고 무슨 큰일 나는 건 아니잖아. 마음먹고 노력한다고 꼭 되는 일도 아니

고. 결혼이 의무도 아닌데 굳이 목맬 필요는
없다고 봐. 요즘은 혼자서도 잘 사는 사람이
워낙 많으니까.

> 하긴, 결혼 안 한다고 욕먹을 일은 아니지.
> 근데 문득 그런 생각이 들더라. 좋은 친구 사
> 귀고 잘 지내는 건 의무도 아니고 쉬운 일도
> 아니잖아. 하지만 그런 일이 사람 사는 데
> 꽤 중요한 건 사실이지. 인생을 훨씬 행복하
> 게 만들어 주기도 하고. 결혼도 그런 거 아닐
> 까?

네 말은, 결혼이 '필수'는 아니지만 '필수에
가까운 강력 추천'이란 거네. 마치 스마트폰
처럼?

> 그 비유 괜찮네. 스마트폰 없어도 생활할 수
> 는 있지만, 있으면 우리 생활이 훨씬 잘 돌아
> 가잖아.

솔직히, 없으면 안 되는 수준까지 됐어.

> 요즘 사람들은 웬만하면 다 스마트폰 있잖
> 아. 없으면 단순히 불편한 수준을 넘어서고,

왠지 시대에 뒤처진 느낌도 들어. 결혼도 비
슷한 점이 많은 거 같아. TV에 나오는 유명
한 사람만 결혼하는 게 아니라, 오늘 내 친
구처럼 평범한 사람도 결혼하니까. 나중에
아프거나 힘들 때 혼자 살면 많이 어렵겠지.
게다가 결혼한 친구를 볼 때 나만 뭔가 잘못
된 거 같은 기분이 들 수도 있을 거고.

근데 그런 이유 말고, 사람들이 결혼하는 진
짜 이유는 뭘까?

글쎄, 외롭지 않으려고? 사람 사는 사회에
서 중요한 문화라서? 서로 사랑하니까? 아
이를 낳으려고? 가문을 잇기 위해서? 좀 더
안정되게 살려고?

틀린 말은 하나도 없네. 네가 말한 건 다 결
혼해서 얻는 좋은 점이기도 하고. 근데 결혼
하면 안 좋은 점도 있잖아.

자유가 사라지지. 혼자 살 땐 집 안팎에서
자유롭게 돌아다니고, 내가 번 돈도 내 마음
대로 쓸 수 있잖아. 근데 결혼하면 그렇게만

은 못 살아. 서로 간섭하기도 하고, 결혼 상
대 가족도 신경 써야 하고… 솔직히 잃는 것
도 많아.

이번에도 틀린 말은 없네. 사실 부모와 같이
살아본 사람이라면 결혼생활에 이런 단점이
있다는 거 거의 알고 있을 거야. 그런데도 많
은 사람이 커서 결혼하잖아. 손해보다 이득
이 더 커서 그런 건가?

단순히 더하기 빼기로 계산할 순 없는 문제
같아. 아무래도 좋은 점을 더 많이 떠올리고
미래를 밝게 보는 커플은 대체로 결혼 쪽으
로 가고, 반대로 나쁜 점이 너무 크게 느껴지
고 미래가 잘 안 그려지는 커플은 주로 이별
을 고민하는 쪽으로 가는 거 아닐까?

미래가 어떻게 될지 모르는 결혼생활에 뛰어
들려면, 앞으로 잘될 거라고 강하게 믿어야
겠지. 그런데 결혼하려면 같이 살 집도 조금
씩 준비해야 하고, 주변에 있는 결혼 실패 이
야기를 듣고 겁먹지 않아야 하고, 서로 맞춰

가야 하는 것도 매우 많잖아. 이렇게 보면 결혼은 어려운 일을 함께 풀어가야만 하는 꽤 힘든 일이야. 결혼을 긍정적으로 희망적으로 바라본다고 해도 막상 결혼을 결정하긴 어려워 보여.

결혼의 장점이나 밝은 예측만으론 결혼하는 이유가 부족한 거 같긴 해.

나는 이렇게 생각해. 결혼을 하면 두 사람이 부부로 한 집에서 같이 살고, 우리는 그걸 '가정'이라고 부르잖아. 근데 사자 같은 동물도 짝을 이루고 새끼를 돌보면서 자기들만의 가정을 만들어. 이런 행동은 누가 가르쳐 줘서 하는 게 아니잖아. 자신에게 손해가 있어도 그냥 하게 되는 본능이지. 사람도 비슷하게, 여러 가지 어려움이 있어도 가정을 꾸리고 살고 싶어 하는 본능이 꽤 강한 것 같아.

네 말대로라면, 사람들이 결혼하는 이유는 행복이나 안정된 삶 같은 이득을 기대하는 '이성'과 가정을 이루고 싶어 하는 '본능'이 같이 있기 때문이라는 거네.

결혼을 꽤 긍정적으로 보고, 가정을 꾸리려는 본능에 솔직한 사람이 결혼에 더 적극적으로 나서고 실제로도 결혼까지 이어지는 경우가 많다고 봐. 반대로 '머리로 따져 봤을 때 결혼은 너무 손해야'라고 느끼면, 그런 생각이 가정을 꾸리려는 본능을 눌러 버릴 수도 있겠지. 결혼의 단점은 찾으려고만 하면 계속 나오잖아. 돈 걱정, 결혼하고 실패하는 두려움, 자유를 잃고 싶지 않은 마음, 주변에서 결혼을 별로라고 말하는 분위기 같은 것들 때문에 말이야. 그러면 자연스럽게 결혼을 피하게 되겠지.

근데 그 '결혼 본능' 말이야. 자기한테 손해가 있어도 가정을 만들고 지키려는 마음이라고 했잖아? 듣기만 해도 꽤 많은 노력과 희생이 필요할 거 같은데?

겉으로 보기엔 부담이 커 보이지만, 실제

로는 꼭 그렇지만도 않아. 사람은 본능에 가까운 일에 대해서는 '아, 너무 힘들어서 못 하겠다'라는 식으로 잘 느끼지 않는 편이거든. 예를 들어, 좋아하는 사람이 갑자기 앞에 나타나면, 나도 모르게 심장이 빨리 뛰고, 얼굴이 뜨거워질 때가 있어. 이렇게 내 몸과 기분이 내 마음대로 안 되는 건 사실 꽤 불편한 일이잖아. 하지만 막상 그런 순간을 접했을 때 그리 싫지만은 않거든. 오히려 기분 좋게 느끼기도 해. 이런 점은 결혼도 비슷하다고 봐.

하긴, 잘생긴 남자 사진 보면 갑자기 덥고 숨이 차기도 하는데 그걸로 괴로워하진 않지. 오히려 더 보려고 하는 게 문제야.

하…

크흠! 그러니까 사람은 막상 가정을 꾸리게 되면 그 일을 생각보다 어렵지 않게 느낀다는 거네. 오히려 자신의 입장에선,

'내가 좋아서 하는 일'이 되는 거구나. 마치 반려동물 키우는 거랑 비슷한 부분이 꽤 있네. 반려동물은 거의 가족 같은 존재고, 돌보는 데 시간도 들고, 돈도 들고, 신경 쓸 것도 많지만 '내가 괜히 괴로운 일을 만들어서 하는구나'라고 생각하진 않잖아. 오히려 행복을 느낄 때가 더 많지.

전에는 결혼에 대한 부담을 막연히 많이 느꼈는데, 막상 이렇게 이야기해 보니까 부담스러운 일이긴 해도 너무 겁먹을 필요까진 없을 거 같아.

혼자 산다고 해서 돈이랑 자유가 항상 넉넉한 것도 아니고, 오히려 결혼해서 더 잘되는 경우도 있을 테니까. 물론 나중에 어떻게 될지는 아무도 모르지. 그래도 나중에 후회하더라도, 차라리 해 보고 후회하는 게 낫지 않을까? 아예 안 해 보고 '그때 해 볼 걸…' 하고 후회하면 그게 더 마음 아플 거 같은데.

사람마다 생각은 다르겠지만, 나도 해 보
고 후회하는 쪽이 더 나을 것 같아. 그래서
너는 결혼을 하고 싶은 거야, 안 하고 싶은
거야?

그런 말을 하는 거 보면 참 눈치 없다. 이
러쿵저러쿵 말은 잘하면서, 내가 한 말은
금세 잊어버리네. 어떤 남자가 '결혼하자'
고 하면 그때 가서 생각해 보려고.

뭐야! 그 남자는 또 누군데? 나 몰래 선이
라도 본 거야?

정말 밉다!

결혼을 하지 않겠다고 선택하는 것, 그것은 개
인의 자유이며 누구에게도 비난받을 일이 아닙니
다. 다만 확고한 결심을 했더라도, 문득 가정을 이
루고 싶은 본능적인 마음이 불쑥 찾아올 수 있습
니다. 그때 흔들리지 않으려면, 막연한 두려움이
나 결혼에 대한 혐오가 아닌 결혼보다 더 소중한

자신만의 인생 목표가 꼭 필요해 보입니다.

반대로 결혼을 생각하고 있다면 '타이밍'에 신경을 많이 써야 합니다. 20대와 30대 초반에는 기회가 많아 보이지만, 그 시기는 찰나처럼 지나갑니다. 특히 여성은 임신과 출산이라는 신체적 리듬 때문에, 남성은 사회적 시선과 현실적인 여건 때문에 나이가 들수록 선택의 폭이 좁아지는 게 사실입니다. 결혼을 진지하게 고민하고 준비할 수 있는 '최적의 시간'은 생각보다 훨씬 짧다는 사실을 꼭 기억할 필요가 있습니다.

하지만 일찍 피는 매화가 있고 늦게 피는 국화가 있듯, 사람마다 인연이 닿는 시기는 다를 수 있습니다. 나를 온전히 알아주는 사람을 만나 남은 인생을 함께 걷는 행복은 누구에게나 열려 있습니다.

함께해도 좋겠다는 이성적인 생각과, 가정을 이루고 싶다는 본능적인 마음을 주고받으면 연인 사이에서 결혼하는 사이로 나아가게 됩니다. 생활 또한 개인생활에서 결혼생활로 살아가는 방식이

크게 바뀝니다. 이제 결혼생활을 오래 잘 이어가
려면 무엇을 주고받아야 좋을까요?

결혼 (MARRIAGE)

⚇ 15장
개인생활에서 결혼생활로

은우와 지수는 이번에 결혼한 친구 유진네 집
들이에 다녀왔습니다. 분위기 좋은 신혼집을 보고
나오니 부러움 반, 걱정 반입니다. 두 사람은 디자
인 작업실과 목조주택이 자리한 조용한 동네 산책
로를 걸으며 이야기를 나눴습니다.

유진이네 보니까 결혼 준비하는 거 보통
일이 아니더라. 집 구하고, 이런저런 물건

사고, 여기저기 인사 다니고… 듣기만 해
도 나도 모르게 기운 빠지던데.

준비할 게 생각보다 많아서 조금 놀랐어.

돈, 건강, 살림, 양가 부모님 챙기는 일, 거
기다 사랑까지… 이걸 다 갖춰야 결혼하
는 거면 난 평생 못 할 거 같아.

그걸 다 제대로 갖춰야 결혼할 수 있다면,
이 세상에 결혼할 수 있는 사람은 거의 없
을걸? 돈이나 건강, 생활력 같은 건 살다
보면 좋을 때도 있고 나쁠 때도 있는 거잖
아. 항상 충분히 갖추기는 불가능해. 그나
마 제일 만만해 보이는 게 사랑이랄까?

난 솔직히 전부 다 자신 없어… 사랑이 제
일 쉬워 보이긴 해도 마냥 쉬운 건 아니야.
돈은 은행이 도와주고, 건강은 병원이 도
와주지만, 사랑은 도움 받을 곳이 없잖아.

두 사람의 사랑은 누가 가르쳐 주지 않아

도, 누가 이끌어 주지 않아도 두 사람이
직접 만들어 가야만 해. 다른 사람이 도
와준답시고 둘 사이에 끼어들면? 오히려
더 문제가 생기게 돼.

도움 없이 우리 힘으로만 해야 한다니 막
막하네. 우리가 사랑만큼은 제대로 준비하
고 있는지 확인하려면 어떻게 해야 할까?

그냥 느낌으로 아는 거 아닐까? 너는 사
랑이 뭐라고 생각하는데?

글쎄… 믿어 주는 거, 걱정해 주는 거, 보
살펴 주는 거, 책임져 주는 거, 맛있는 거
보면 생각나는 거?

음, 사랑 맞네.

그리고 또 있어. 연인의 사랑, 부모와 자녀
의 사랑, 사람과 사람 사이의 사랑.

서로 느낌이 다르긴 해도 사랑은 맞네.

이것저것 말하다 보니 뭔가 복잡하구나.

> 그러니까 여러 가지 태도도 사랑이고, 관
> 계마다 조금씩 다른 그 느낌도 다 사랑이
> 라는 거네.

워낙 사랑이란 말을 다양하게 쓰잖아. 하
지만 그 안에 비슷한 무언가가 있겠지.

> 믿어 주는 거, 걱정해 주는 거, 보살펴 주
> 는 거… 이런 말들 안에는 다 '무언가를
> 주는 거'라는 공통점이 있어. 그리고 연인
> 의 사랑이나 부모 자녀의 사랑도 느낌은
> 다르지만, 상대에게 좋은 걸 주려고 한다
> 는 점은 비슷해.

그렇다면 사랑은 딱 잘라 설명하긴 어렵지
만, 상대에게 좋은 걸 주고 싶어 하는 마음
이나 태도로 볼 수 있겠네. 내가 상대를 제
대로 사랑하는지 확인하고 싶다면, 내 안
에 그런 마음이 있는지, 상대에게 무언가
를 준 적이 있는지만 살펴봐도 될 거 같아.

『사랑의 기술』이라는 책에도 사랑은 받
는 것보다 주는 게 더 중요하다고 쓰여 있
었지.

그런 만화책은 본 적이 없는데?

왜 그래. 나 만화책만 보는 사람 아니거
든? 그런 책도 읽는 사람이거든? 예전에
학교 과제 때문에 읽긴 했지만 과제가 아
니었어도 아마 읽었을 거야.

상상은 안 되는데 일단 알겠어. 어쨌든 나
는 '믿어 주기'랑 '걱정해 주기'가 특히 좋
아. 그 두 가지는 내 마음이든 상대 마음
이든 꽤 잘 느낄 수 있으니까.

그러네. 근데 너 아직도 내가 그 책 읽었다
는 거 안 믿어 주고 있지?

쉽진 않지만 믿어 주려고 노력하고 있어.
예전엔 사랑을 막연한 마음이나 감정이
라고만 생각했는데, 생각보다 명확하게

알 만한 부분이 꽤 있구나.

은우와 지수는 길을 걷다가 '두 사람의 내일을
새롭게 디자인하다'라는 문구가 적힌 광고판을 보
았습니다.

확실히 '결혼'이라는 말은 '새 출발'이랑
참 잘 어울려. 결혼하는 사람들은 새로운
행복한 삶을 기대하겠지?

아무런 기대도 없이 결혼하는 사람은 없을
거야. 근데 사람들은 결혼할 때 어떤 삶을
기대할까?

사람마다 다르겠지. 갑자기 그게 왜 궁금
해?

기대와 현실이 많이 다르면 실망이 크잖
아. 힘들게 결혼까지 온 만큼 특별한 결혼
생활을 꿈꾸는 사람도 있을 거고, 그냥 둘

이서 함께 보내는 새로운 '평범한 일상'을
바라는 사람도 있을 테니까. 어떤 결혼생
활을 기대하느냐에 따라 나중에 결혼생활
분위기도 꽤 달라질 거 같아.

만약 특별한 결혼생활을 기대하면 어떨
까?

외모가 멋진 배우자와 반짝반짝한 생활을,
부자인 배우자와 우아한 생활을 기대한 사
람은, 상대의 겉모습이 평범해지거나 재산
이 줄어들면 더 이상 결혼생활을 계속할
이유를 찾기 어려워질 수도 있어. 추구하
는 목표가 높다 보니, 결혼생활에서 받는
스트레스도 많을 거고. "내 결혼은 이게
아닌데!" 하면서.

그러면 평범한 결혼생활을 기대해야 해?
그건 좀 낭만 없지 않아?

부부가 남은 평생 같이 살면서 하는 일의
99%는 평범한 일상이야. 같이 밥 먹고, 치

우고, 이야기하고, 자고 일어나는 그런 생활 말이야. 그런 결혼생활이 중요하게 느껴지지 않고 그냥 따분하게만 느껴지면, 부부에게 남는 건 지루한 생활의 연속뿐일 걸?

> 음… 듣고 보니 그렇네. 특별한 결혼생활은 멋져 보이긴 한데 너무 어려워 보이고, 그렇다고 평범한 결혼생활은 너무 심심할 거 같기도 하고. 무얼 선택해도 고민이 되네.

많은 사람이 결혼으로 인생이 특별하게 바뀌거나 안정되길 바라지만, 결혼의 진짜 의미는 '이벤트'가 아니라 '곁에 있음'이거든. 나는 결혼생활의 진정한 의미가, 집에서 지내는 사람이 나 혼자가 아니라는 거, 하찮은 이야기라도 서로 주고받을 사람이 생기는 거에 있다고 생각해.

> 남은 평생 서로의 식사 상대가 되어 주는

거, 아플 때 같이 병원에 가고 서로 보살펴 주는 거, 밖에서 억울한 일을 당해서 돌아오면 "그 사람 정말 나빴네!" 하고 같은 편 되어 주는 거, 이런 걸 말하는 거지?

그렇지. 일상을 둘이서 함께 보내는 거.

솔직히 나도 인정하는 부분이야. 인생에서 매우 소중한 부분이기도 하지.

문제는 이런 일상생활 속에 있는 소중함이 너무 평범해서 잘 보이지 않는다는 거야. 가족과 떨어지거나 헤어지면 그제야 그 소중함을 알게 되니까.

갑자기 궁금해서 그런데… 혹시 너 집에서 쫓겨난 적이 있니?

쫓겨나긴 했지… 우리 집 거실에서 내 방으로. 너무 떠들어서 거실 출입 금지당했어. 덕분에 가족의 소중함을 제대로 느끼고 있어.

　　　　나도 네 부모님 마음을 조금은 이해할 수
　　　　있을지도⋯ 그런데 일상생활을 항상 소중
　　　　하게 대하기는 현실적으로 어려워. 예를
　　　　들어, 부부가 같이 집안을 청소하면서 '부
　　　　부가 함께 청소하는 결혼생활은 정말 소
　　　　중해'라고 매번 생각하기는 쉽지 않잖아.
　　　　그런 마음가짐도 사실 하루이틀이지.

당연하지. 내 말은 평범한 결혼생활 하나
하나에 큰 의미를 두면서 억지로 지내자는
게 아니야. 그저 결혼의 일상을 함부로 여
기지만 않으면 된다는 거야. 부부가 함께
청소하는 일을 지겹고 따분한 일로만 여기
지만 않아도, 그 일을 꽤나 소중히 여기는
거랑 비슷하다고 생각해.

　　　　음, 그렇구나. 그럼 이제부터 나는 너랑
　　　　밥 먹는 시간을 하찮게 여기지 않겠어.

뭐야, 예전에는 어떻게 생각했는데?

말 안 해 줄 건데~

됐고, 내 밥이나 뺏어 먹지 마.

눈치 없는 척 하는 게 아니라 진짜로 눈치
가 없구나.

결혼생활의 목표를 멋지고 우아한 모습에 두면,
평범한 집안일과 반복되는 하루 속에서 일은 일대
로 하면서 불만만 쌓이기 쉽습니다. 그렇게 쌓인
불만은 상대에 대한 미움과 신세 한탄으로 흘러가
면서, 결혼생활을 흔들어 놓습니다.

그래서 목표를 '남들만큼 살기'나 '남들보다 더
잘 살기'에 두기보다, 혼자가 아니어서 덜 외롭고
잡담이든 하소연이든 함께 나눌 수 있는 생활에
두는 편이 좋습니다. 생각해 보면, 가족에게 집은
뭔가를 잘해냈을 때만 문을 열고 들어갈 수 있는
곳이 아니라, 잘하든 못하든 언제든 돌아올 수 있
는 곳입니다. 가정은 더 나아지기 위해서만 있는
곳이 아니라, 서로 곁에 있어 주고 일상을 같이 살

아가기 위해 있는 곳이기 때문입니다.

　서로에게 좋은 것을 주려는 마음과 평범한 일상의 소중함을 주고받으면 결혼생활을 좋게 그리고 오래 이어갈 수 있습니다.

　누구나 언젠가 가족과 헤어지는 날이 오기 마련입니다. 살면서 좋은 일도 나쁜 일도 있겠지만, 한 번이라도 더 가정의 일상을 소중히 여기며 사이좋은 가족으로 지내길 바랍니다. 그리고 헤어지는 날이 올 때, "함께 살아줘서 고마웠다"라고 가족끼리 말할 수 있기를 바랍니다.

맺음말

　『한 명이라도 제대로 친구·애인 사귀기』는 친구, 연인, 결혼이라는 복잡한 인간관계를 누구나 공감할 수 있는 상식적인 언어로 풀어낸 책입니다. 하지만 사실, 이 책에는 조금 더 큰 그림이 그려져 있습니다. 바로 '건강하고 화목한 가족관계'를 만드는 것입니다. 친구에서 연인으로, 다시 연인에서 부부로 이어지는 여정은 결국 '가족'이 되어 함께 살아가는 과정이니까요. 가장 가까운 사람을 대하는 태도는 본질적으로 모두 같습니다. 그래서 1장의 소박한 인사부터 마지막 장의 결혼생활까지, 이 책의 모든 이야기는 여러분의 가족

관계 문제를 해결하고, 더 사이좋은 가족이 되게 하는 일에 아주 유용하게 쓰일 것입니다.

　가족끼리 주고받는 인사는 가정생활의 기본이 되는 에너지입니다. 아침에 각자 집을 나설 때나 저녁에 다시 만날 때 서로의 안부를 묻고 인사를 나누는 일은, 가족의 일상을 지탱해 주는 중요한 습관입니다. 아버지가 일터에서 돌아왔을 때, 집에서 하던 일을 멈추고 다가가 "수고하셨어요"라고 건네는 한마디 인사는 짧지만 좋은 사랑의 표현이 됩니다. 그 간단한 인사 한마디에 아버지는 일터에서 겪었던 서러움이나 괴로움이 잠시나마 풀리고, 마음에 따뜻한 위로와 감동을 받습니다. 어머니에게 "오늘 집에 별일 없었죠?"라고 묻는 인사, 가족끼리 "잘 다녀와"라고 건네는 인사도 그저 스쳐 가는 말 같지만, 실제로는 서로에게 사랑과 관심을 주고받는 중요한 표현입니다.

　「가족끼리 인사하기, 한 번만이라도 더 챙기면 좋겠습니다.」

가족끼리 주고받는 잡담은 가정생활의 온기를 만들어 주는 난로입니다. 요즘은 한집에 있어도 각자 스마트폰 세상에 빠져 대화가 끊긴 집이 참 많습니다. 바쁜 일상 속에서 서로 마주보며 이야기할 시간은 기껏해야 식사 시간 정도입니다. 그 시간만이라도 최근에 있었던 사소한 일이나 서로의 하루에 대해 이야기를 나누며 친밀함을 조금씩 쌓아 가야 합니다. 집에서 이런 잡담이 사라지면 가족이라도 춥고 서먹한 사이가 되기 쉽지만, 작은 대화들이 모일 때 집은 비로소 따뜻하고 특별한 보금자리가 되어줄 것입니다.

「가족끼리 잡담하기, 오늘부터라도 식탁에서 조금씩 시작해 보셨으면 합니다.」

가족끼리 주고받는 연락은 가정생활을 늘 연결해 주는 와이파이입니다. 편하다는 이유로, 혹은 바쁘다는 핑계로 연락이 소홀해지면 어느새 마음마저 '접속 불가' 상태가 될 수 있습니다. 꼭 특별한 용건이 있어야 하는 건 아닙니다. 그저 밥은 먹었는지, 오늘 하루는 어땠는지 묻는 사소한 관심이 신호가 약해진 가족관계를 다시 원활하게 만들어 줍니다. 좋은 소식이든 속상한 소식이든 가장 먼저 전하고 싶은 사람이 가족이 된다면, 떨어져 있어도 늘 곁에 있는 듯한 친근함을 느끼게 될 것입니다.

「가족끼리 연락하기, 문득 떠올랐다면 망설이지 말고 문자든 통화든 바로 연락해 보세요.」

가족끼리 함께하는 놀이는 가정생활의 활력을 더해 주는 비타민입니다. 안타깝게도 요즘은 가족과 어울려 노는 시간이 갈수록 줄어들고 있습니다. 놀이라는 게 꼭 거창한 여행일 필요는 없습니다. 함께 동네를 산책하거나, 카페에서 차 한 잔을 마시고, 거실에 둘러앉아 보드게임을 하는 것만으로도 충분합니다. 가끔은 날을 잡아 온전히 가족끼리 뭉치는 날을 만들어도 좋습니다. 함께 웃으며 보낸 시간은 가족을 더 친하게 만들어 주는 좋은 활력소가 되어줄 것입니다.

「가족끼리 함께 놀기, 바쁘더라도 가끔은 가족을 위해 시간을 맞춰 보시면 어떨까요?」

가족끼리 주고받는 속마음은 가정생활의 오해를 풀어 주는 해결사입니다. 가족을 걱정시키기 싫어서, 쑥스럽거나 집 분위기가 어색해질까 봐 같은 이유로 속마음을 나누지 못할 때가 많습니다. 하지만 가족이라도 관심이 부족하면, 서로 말하지 않으면 그 마음을 알 수 없고 오해만 쌓이기 마련입니다. 속마음을 자주 털어놓는 가족은, 짐작만으로는 도저히 알 수 없던 상대의 진짜 마음을 자꾸 알게 됩니다. 속마음을 나눈다고 문제가 마법처럼 사라지진 않겠지만, 적어도 혼자 짊어지던 마음의 짐은 가벼워지고, 그제야 무늬만 가족이 아닌 서로를 더욱 잘 이해하는 '진정한 가족'이 될 것입니다.

「가족끼리 속마음 나누기, 어려울 일일수록 꼭 해야 합니다.」

가족끼리 주고받는 강요가 아닌 고마움은 가정생활을 더 힘내게 도와 주는 응원가입니다. 사랑한다는 이유로, 잘 되게 하려는 이유로 가족에게 높은 기준을 들이대며 상처를 줄 때가 종종 있습니다. 돈벌이, 성적, 집안일, 생활 습관까지 "높은 수준이 돼야 해"라고 강요하면, 가족은 서로를 평가하는 차가운 심사위원이 되고 맙니다. 하지만 같은 상황에서도 "그래도 애썼어, 고마워"라고 말한다면 가족은 서로를 응원하는 한 팀이 됩니다. 고마운 마음을 자주 표현하는 집에서는 실수와 부족함이 있어도 다시 해 보려는 용기가 점점 생깁니다. 서로를 무리하게 바꾸려다 상처를 주기보다, 이미 애쓰고 있는 모습에서 고마움을 먼저 찾길 바랍니다.

「가족끼리 고마워하기, 쑥스럽더라도 아끼지 말고 자주 표현해 보셨으면 합니다.」

가족끼리 주고받는 매너와 눈치는 가정생활의 충돌을 막아주는 푹신한 쿠션입니다. 가정은 나만 편한 곳이 아니라, 함께 편안해야 좋은 공간입니다. 그런데 나만 편하자고 매너 없이, 눈치 없이 지내다 보면 집은 금세 거칠고 불편한 곳이 되고 맙니다. 집 밖에서는 예의를 차리면서도, 정작 소중한 가족에게는 말투와 행동을 쉽게 풀어놓지 않았는지 돌아봐야 합니다. 가족일수록 부드럽게 말하고 큰 소리 대신 차분하게 대화한다면, 사소한 다툼은 사라지고 그 자리에 평온함이 찾아올 것입니다.

「가족끼리 매너와 눈치 챙기기, 남보다 가족에게 더 신경 써 주세요.」

가족끼리 주고받는 포용력과 착한 매력은 가정생활을 너그럽게 감싸주는 포근한 이불입니다. 가족은 서로의 부족함을 누구보다 잘 알면서도 함께 지내야 합니다. 그래서 때로는 그 약점을 어느 정도 덮어주는 너그러움이 필요합니다. 하지만 이것이 '내 단점은 당연히 이해해 줘야지'라는 핑계가 되어서는 안 됩니다. 오히려 미안한 마음을 갖고 조금씩 나아지려 애쓸 때, 그 노력하는 모습 자체가 가족에게는 큰 위로가 됩니다. 그리고 가족에게 착하게 말하고 행동하는 사람은 가족을 더욱 끌어당기는 힘이 있습니다.

「가족끼리 포용하기, 잘못된 점만 찾기보다 사랑해야 할 이유를 먼저 떠올려 보셨으면 합니다.」

가족끼리 주고받는 '잘 보이려는 작은 노력'은

가정생활을 부드럽게 굴러가게 하는 윤활유입니다. 흔히 가족은 어차피 내 편이라고, 굳이 잘 보일 필요 없다고 생각하기 쉽습니다. 하지만 유명한 연예인조차 대중에게 잘 보이려고 애쓰고, 성공한 사업가도 고객에게 잘 보이기 위해 온 힘을 다합니다. 하물며 남에게도 그리하는데, 평생을 함께할 가족에게 '잘 보이고 싶은 마음'을 놓아버려선 안 됩니다. 가족을 평가하기보다 내가 먼저 사랑받을 만한 사람이 되려 애쓸 때, 가족관계는 훨씬 더 매끄럽고 화목해질 것입니다.

「가족끼리 잘 보이려고 신경 쓰기, 가족이라도 점수 따는 일을 하셔야 합니다.」

가족끼리 주고받는 사랑싸움과 화해는 가정생활을 더욱 성장시키는 좋은 밑거름입니다. 가정에서 작은 잘못으로 다툴 때는, 누가 먼저 잘잘못을 따지는지보다 누가 먼저 사랑으로 다가가는지가 더 중요합니다. 그 다가옴을 가볍게 여기지 않고 의미 있게 대할 때, 그 다툼은 금세 사랑싸움으로 바뀝니다. 하지만 큰 잘못과 깊은 상처 앞에서는, 껄끄럽다고 덮어두거나 시간만 보내선 안 됩니다.

충분히 이야기를 나누면서 괴롭고 미안한 서로의 마음을 확인해야 합니다. 그리고 정식으로 사과하고 용서하는 과정이 꼭 필요합니다. 작은 다툼은 사랑과 고마움으로, 큰 다툼은 진지한 사과와 용서로 풀어 갈 때, 다툼은 더 나은 가족이 되는 양분이 되기도 합니다.

「가족끼리 화해하기, 작은 다툼일수록 빨리 풀고 큰 상처일수록 깊게 이야기를 나눠 보셨으면 합니다.」

가족끼리 주고받는 최소한의 매너와 거리 두기는 가정생활이 더 망가지지 않게 막아 주는 비상 브레이크입니다. 버틸 수 없는 상처가 생길 때, 친구나 연인은 관계를 정리할 수 있지만, 가족은 법적으로나 정서적으로 깊게 얽혀 있어 억지로 견뎌야 하는 경우가 많습니다. 결국 그 상처가 곪아 터지면 돌이킬 수 없는 지경에 이르게 됩니다. 관계가 위험 수위에 다다랐다면, 서로 존댓말을 쓰기로 약속하거나 모든 대화를 명령이 아닌 부탁으로 바꾸면서 최소한의 매너를 갖추는 일이 필요합니다. 그마저 버거울 때는 가족끼리 잠시 떨어져 살면서 서로의 빈자리를 차분히 느껴 보는 것도 방법입니다. 충분한 시간과 노력을 들였음에도 도저히 관계를 회복할 수 없다면, 그때는 각자의 삶을 위해 이별을 선택하는 결정도 필요할 것입니다.

「가족끼리 이별하기, 하던 대로만 지내다 결국 멀어지기보다는 웬만하면 그 전에 회복할 길을 함께 찾아 보셨으면 합니다.」

이처럼 친구와 애인을 대하는 태도는 그 깊이에 조금 차이가 있을 뿐, 가족을 대하는 태도와 별반 다르지 않습니다. 친구와 애인 사이가 좋으면 가족 사이도 좋아지기 쉽고, 가족 사이가 화목하면 친구와 애인 사이도 화목하기 마련입니다. 좋은 관계는 상대를 가리지 않습니다. 밖에서의 좋은 모습을 집 안으로, 집 안의 따뜻함을 집 밖으로 이어가 보시길 바랍니다.

제대로 된 친구, 연인, 결혼 관계 그리고 가족관계는 가만히 있어도 저절로 만들어지는 관계가 아닙니다. 각 관계를 제대로 이해하고 그에 따른 적

절한 태도가 필요합니다. 그렇다고 해서 이런 일들이 매우 어려운 일은 아닙니다. 그저 한 번이라도 더 서로 사랑하고 살면 되는 일입니다.

사람은 살면서 좋은 일을 많이 겪지만, 외로움·질병과 사고·좌절·슬픔 같은 힘든 일도 많이 겪습니다. 그럴 때는 친구·애인·가족끼리 서로 돌보고 위로하고 격려하면서 살아야 합니다.

그러기 위해 가장 필요한 것은 거창한 관계가 아니라, 사이가 크게 나쁘지 않은 정도의 인간관계입니다. 상대에게 좋은 것을 주려는 마음이 사랑이지만, 상대에게 나쁜 것을 주지 않으려 애쓰는 것도 사랑입니다. 사실, 좋은 것을 챙겨주는 것보다 상처 줄 만한 행동을 참아내는 것이 훨씬 더 어렵습니다.

그래서 친구든 가족이든 서로를 미워하지 않고 지내기만 해도, 상당히 잘 사랑하며 지내는 것으로 볼 수 있습니다. 이것만 이해하고 잊지 않아도 적어도 인간관계에서만큼은 실패하지 않은 인생, 꽤 괜찮은 인생을 살았다고 말할 수 있을 것입니다.

삶은 즐기는 것이라기보다 서로 사랑하고 사는 것입니다. 가까운 사람에게 상처 주는 일을 조금씩 줄이고 사랑하는 일은 조금씩 더 늘려 가는 사람이 되시길 축복합니다.

끝까지 읽어 주셔서 감사합니다.